Inhalt

Tomaten anbauen und pflegen

Tomatenküche

SPEZIAL

Planung, Anzucht, Pflege, Ernte – für den Tomatengärtner ist immer Saison. Erfahren Sie, was jeden Monat zu tun ist.

SPEZIAL

Mit Tomaten in vielen Varianten, von Salsa bis Chutney verlieren Sie überflüssige Pfunde!

Frucht für Genießer

Leuchtende und pralle Früchte – große schwere Fleischtomaten zum Füllen, kleine runde für die Suppe oder köstliche Cherrytomaten für zwischendurch – ziehen mit ihrem appetitlichen und dekorativen Aussehen unsere Aufmerksamkeit auf sich.

Angebot und Sortenvielfalt sowohl beim Gemüseeinkauf als auch für den Anbau im eigenen Garten wachsen von Jahr zu Jahr. Inzwischen sind nicht mehr nur die runden Tomaten in verschiedenen Größen und Geschmacksintensitäten, sondern ebenso gerippte, birnen-, ei- oder röhrenförmige Exemplare erhältlich. Es gibt sie auch in verschiedenen Farbvarianten. So können Sie zwischen gestreiften, gelben, orange- oder lilafarbenen, grünen und weißen Früchten wählen.

Vielseitigkeit, Geschmack und gesundheitlicher Wert haben der Tomate in nur hundert Jahren den Weg vom exotischen Außenseitergemüse zum festen Bestandteil der Hausmannskost und sogar zum Star der Gourmetküche geebnet.

Rund um die Tomate

Mit der Tomatl fing es an

Die Suche nach den Anfängen des Tomatenanbaues führen Sie in das Reich der südamerikanischen Hochkulturen.

Frucht der Mayas

Die Tomate stammt aus den südamerikanischen Anden, dem heutigen Peru, Bolivien und Ecuador, und gelangte mit den Wanderungen der dortigen Ureinwohner nach Norden.
Die Azteken und Maya in Mexiko züchteten auf Basis natürlicher Mutationen aus der ursprünglich nur kirschförmigen Tomate größere Früchte. Diese nannten sie zunächst „xictomatl" und später „tomatl", von „tomana" = anschwellen. Auch die Inka des heutigen Peru sollen neben Mais und Quinoa bereits Kartoffeln und Tomaten angebaut haben.

Kolumbus und seine Konquistadoren brachten die Tomate von ihrer zweiten Amerikafahrt mit nach Europa.

1498 brachten Christoph Kolumbus und seine Konquistadoren die Tomate von ihrer zweiten Amerikafahrt mit nach Europa. Die Früchte dieser ersten europäischen Tomaten waren gelbschalig und fanden einige Beachtung. Aber zunächst wollte sie niemand essen und die Tomate fand ausschließlich als Zierpflanze Verwendung. Man hielt die Früchte für giftig und für den Auslöser von „Liebeswahn".
Lange haftete der Tomate etwas Mystisches an, sie wurde auch als Liebes- oder Paradiesapfel bezeichnet.

Die Tomate erobert die Welt

Die ersten Anbauversuche in Europa unternahmen die Italiener Mitte des 16. Jahrhunderts. Sie nannten die Tomate „pomodoro" (Goldapfel). Aber erst ab Anfang des 19. Jahrhunderts wurde dort die Tomate tatsächlich häufiger für Gemüse- und Salatgerichte verwendet. Heute ist sie ein wichtiger Bestandteil der italienischen Küche.

Von Italien aus gelangte die Tomate ins nördlichere Europa. In Deutschland begann der erwerbsmäßige Anbau um 1890, aber erst im Ersten Weltkrieg setzte sich das gesunde Gemüse langsam durch. Beliebte Sorten waren zu dieser Zeit 'Lucullus', 'Frühe Geisenheimer', 'König Humbert' und 'Ponderosa'. Auch in den USA dauerte es lange, bis die Tomate als Gemüse geschätzt wurde. Die amerikanischen Kolonisten hielten sie anfangs für giftig. Erst die Kreolen im amerikanischen Süden begannen Anfang bis Mitte des 19. Jahrhunderts, Tomaten in schmackhaften Gerichten mit Meeresfrüchten zu kombinieren.

Heute möchte man Tomaten nicht mehr missen.

SMART

Siegeszug

› **Erst Anfang des 20. Jahrhunderts** wurde die Tomate in Europa zum Volksnahrungsmittel. Doch ihre steile Karriere ist noch nicht abgeschlossen: Die Sortenvielfalt nimmt stetig zu, auch erforschen Wissenschaftler immer mehr Positives zur Wirkung ihrer Inhaltsstoffe.

Ende des 19. Jahrhunderts setzte die industrielle Verarbeitung der Tomate ein. Der Deutschamerikaner Henry J. Heinz und sein Kompagnon L. Clarence Noble begannen mit der Einführung des Ketchup. Die beiden nahmen diese pikante Soße aus Tomaten, Essig und Zucker in ihr Sortiment auf, das außerdem gehobelten Meerrettich, Selleriesoße, eingelegte Gurken, Sauerkraut und Essig umfasste. Inzwischen hat die Tomate die Küchen und Gärten der ganzen Welt erobert. Heute gelten Tomaten als eines der gesündesten Gemüse. Sie stärken die Abwehrkräfte, das vegetative Nervensystem, das Herz- und Kreislaufsystem und sollen sogar Krebs vorbeugen. Ein Grund mehr, die roten Alleskönner täglich auf den Speiseplan zu setzen.

Die Tomate heute

In Deutschland ist die Tomate das Gemüse, das mit über 20 kg pro Person und Jahr am meisten verbraucht wird. Der Hauptanteil liegt bei den verarbeiteten Tomatenprodukten, nur 7,5 kg entfallen auf frische Tomaten. Der Gesamtgemüseverbrauch liegt bei etwa 95 kg, davon über 63 kg Frischgemüse.

Köstliche Vielfalt der Tomaten.

Spitzenreiter

Weltweit werden jährlich über 125 Millionen Tonnen Tomaten geerntet. Dabei liegt China mit einer jährlichen Ernte von über 32 Millionen Tonnen an der Spitze, was fast ein wenig verwundert, denn in chinesischen Rezeptbüchern sind Tomaten relativ selten zu finden. Weltweit zweitgrößtes Tomaten-Anbauland sind die USA mit über 11 Millionen Tonnen. Weitere große Tomatenproduzenten sind die Türkei, Indien, Ägypten und Italien.

Weniger als 6 % der in Deutschland angebotenen Frischware stammen aus deutschem Anbau. Frische Tomaten werden hauptsächlich aus Spanien (einschließlich der Kanarischen Inseln), den Niederlanden und Italien nach Deutschland importiert. Die verarbeiteten Tomaten in unseren Supermarktregalen stammen dagegen vorwiegend aus Süditalien.

Favorit der Frischgemüseverbraucher ist seit einigen Jahren die Rispentomate. Auch entscheidet sich ein großer Teil der Verbraucher inzwischen für ökologisch angebaute „Bio-Tomaten“.

Tomatenanbau ohne Erde?

Bereits bei den Ägyptern, den Babyloniern und Chinesen gab es Beispiele für die Pflanzenkultur in Wasser. Wenn der Boden für den Pflanzenanbau nach herkömmlicher Art nicht geeignet ist, dann können andere Anbautechniken eine Gemüseernte ermöglichen. Auch in Deutschland wird diesbezüglich geforscht.

- **Hydrokultur**-Tomaten werden in Kunststoffrinnen mit Steinwollwürfeln oder anderen anorganischen Materialien gepflanzt. Durch diese wird eine Nährlösung geleitet, aus der die Wurzeln alle benötigten Nährstoffe aufnehmen.
- **Dünnschichtkultur**-Tomaten wachsen in einer dünnen Erdschicht, die durch Folie vom Boden getrennt ist. Die Pflanzen werden durch eine Tropfbewässerung bedarfsgerecht befeuchtet und gedüngt.

In Form von Ketchup mögen sogar Kinder Gemüse!

Bio-Tomaten

Langzeitstudien der Universität von Kalifornien haben gezeigt, dass der Gehalt an Flavonoiden (Kämpferol und Quercetin) in Tomaten aus ökologischer Landwirtschaft fast doppelt so hoch ist wie in konventionell erzeugten Tomaten. Flavonoide besitzen antioxidative Eigenschaften, welche wiederum gesundheitsfördernd sind. So sollen sie die Gefahr verringern, an hohem Blutdruck, an einer Herzerkrankung oder Schlaganfall, an bestimmten Krebsarten oder Demenz zu erkranken. Verantwortlich für den höheren Gehalt an Flavonoiden bei Bio-Tomaten ist das Fehlen von Kunstdünger im Boden während des Heranwachsens. Die vermehrte Flavonoidbildung soll durch einen Nährstoffmangel (z. B. einem Mangel an Stickstoff) ausgelöst werden. ●

SMART

Wer hat das Ketchup erfunden?

- **Schon Ende des 17. Jahrhunderts** wurde in China eine gesüßte Sojasoße namens Ketsiap zu Fisch- und Geflügelgerichten verwendet.
- **Diese Soße brachten Handelsfahrer** im 18./19. Jahrhundert nach Europa und Amerika. Die Engländer entwickelten daraus die „Worcestersauce", die amerikanische Firma Heinz & Noble das „Tomato Catsup". Amerikanisches Fastfood und Barbecue sind heute ohne Ketchup undenkbar.

Kurioses

Die Tomate hat nicht nur Einzug in unseren Speiseplan gehalten, sondern auch in unsere Redensarten. Sogar das Weltall hat sie erobert und ebenso die Kinos.

Treulose Tomaten

Längst ist die Tomate in unsere Redensarten eingegangen. „Du treulose Tomate!“ nennt man jemanden, der anders handelt als erwartet oder versprochen – allerdings nur vertraute Personen und mit neckendem Unterton. Die Redensart entwickelte sich in den 1920er-Jahren, nachdem sich die Italiener (die damals schon starke Tomatenesser waren) im ersten Weltkrieg aus dem Bündnis mit Deutschland loslösten. Die Italiener waren aus damaliger Sicht sozusagen die ersten treulosen Tomaten. Auch die Tücken des Tomatenanbaus haben in diesem Zusammenhang ihre Bedeutung, denn Tomaten gedeihen nun einmal nicht immer so, wie man es sich wünscht. „Du hast wohl Tomaten auf den Augen!“ Auch dieser Ausspruch wird teilweise neckend, aber teilweise auch vorwurfsvoll gebraucht und sagt aus: Du hast etwas Offensichtliches nicht gesehen. Der Zentralverband der Augenoptiker (ZVA) nutzte diesen Spruch 1999 für eine bundesweite Werbekampagne.

Gefeierte Tomate

Bei der Tomatina in Buñol (Spanien) bewerfen sich die Teilnehmer mit reifen Tomaten.

In den amerikanischen Anbaugebieten Lauderdale County/Tennessee, Reynoldsburg/Ohio, Santa Rosa/Kalifornien wird in mehrtägigen Festivals und Paraden gefeiert.

In New Orleans/Louisiana gibt es das „French Market Tomato Festival“ mit Kochvorführungen, Kostproben und Livemusik.

Tomaten im Weltall

Bereits 1984 schickte die NASA zusammen mit der Firma Parkseed große Mengen Tomatensamen per Space Shuttle ins Weltall. Dort wurden sie fünf Jahre aufbewahrt, um dann zu untersuchen, wie sich der Aufenthalt im Weltall auf die Samen auswirkte.
1997 wurde das Experiment wiederholt, allerdings für nur 14 Tage. Im Anschluss daran konnten Schulen und Universitäten Weltraumsaat für Experimentierzwecke bei Parkseed bestellen. Ziel war es, ein breiteres Interesse für die Weltraumforschung und die Biologie zu wecken. Unter den Sämlingen wurden tatsächlich einige Mutationen hinsichtlich Blattfarbe und Chlorophyll festgestellt!
Die Tomate ist nicht nur Forschungsobjekt, sondern auch Bestandteil der Ernährung der Space-Shuttle-Besatzung. Auf der Speisekarte sind beispielsweise Fleischklopse in würziger Tomatensoße und Tomatengemüse zu finden. Inzwischen wird auch im Weltall mit Messer

Ihre größte Rolle aber spielt die Tomate im Garten und in der Küche.

und Gabel gegessen, die Zeiten der Tubennahrung im Raumschiff sind vorbei.

Tomaten im Kino

Offensichtlich beflügelt die Tomate nicht nur den Gaumen, sondern auch die Fantasie. Vor einigen Jahren wurden wir von dem Film „Angriff der Killertomaten" überrascht. Von einigen Kritikern als schlechtester Film aller Zeiten verschrien, hat der Film inzwischen Kultstatus: Die Erde wird von wild gewordenen Tomaten in Angst und Schrecken versetzt, selbst dem CIA bleibt nur die Flucht bis ... Das Ende wollen wir hier nicht verraten. Und es gibt sogar Nachfolgefilme („Die Rückkehr der Killertomaten" und „Die Killertomaten schlagen zurück"). „Grüne Tomaten" ist ein Film von ganz anderer Machart. In diesem vielgelobten Film spielen nicht die Tomaten die Hauptrollen, sondern ihre Verwendung in der Küche bildet die Kulisse für die Geschichte zweier Frauenfreundschaften im Süden der USA um 1930. Gebratene grüne Tomaten sind ein typisches Gericht dieser Gegend. ●

> SMART
>
> **Stimmungsmacher**
>
> › **Tomatensaft** gilt als bewährtes Anti-„Kater"-Mittel. Diese Wirkung ist auf den Gehalt an Mineralstoffen, B-Vitaminen und Tyramin zurückzuführen. Der stimmungsaufhellende Stoff Tyramin wird beim Reifen der Tomate aus der Aminosäure Tyrosin gebildet. Genießen Sie also am besten reife Tomatenfrüchte als Mittel gegen Stimmungsschwankungen und schlechte Laune!

Von Wolfspfirsich bis Liebesapfel

Heute wissen wir, dass Tomatenfrüchte nicht nur köstlich, sondern auch besonders gut für die Gesundheit sind. Doch das war nicht immer so.

Botanisches

Der botanische Name der Tomate weist darauf hin, dass man ihr als Nahrungsmittel kein großes Vertrauen schenkte. Er lautet *Lycopersicon esculentum*, wobei *Lycopersicon* Wolfspfirsich heißt und *esculentum* essbar. Freundlicher klingen Namen wie „Goldapfel", „Paradiesapfel" (in Österreich „Paradeiser") und „Liebesapfel" (englisch „love apple", französisch „pomme d'amour"), aber auch diese unterstellen der Tomate eher mystische Wirkungen als gesundheitlichen Wert. Erst seit dem 19. Jahrhundert wird der Name Tomate verwendet. Die Tomate gehört zu den Nachtschattengewächsen (Solanaceae). Diese große Pflanzenfamilie ist mit 2800 Arten weit verbreitet. Einige Arten wurden früher in Hexensalben gemixt und finden heute teilweise Verwendung als Arzneipflanzen. Zu ihnen gehören die Tollkirsche, der Stechapfel und das Bilsenkraut. Da diese Pflanzen hochgiftige Inhaltsstoffe (Tropan-Alkaloide) enthalten, wird von Eigenversuchen wegen möglicherweise tödlicher Wirkung unbedingt abgeraten! Übrigens: Auch der Tabak ist ein Nachtschattengewächs, er enthält ein hochgiftiges Pyridinalkaloid, das Nikotin.

Neben der Tomate vereint die Pflanzenfamilie der Nachtschattengewächse noch andere wohlschmeckende, äußerst gesunde und sehr vitaminreiche Gemüse: Paprika, Peperoni, Chili, Aubergine, Tomatillo („grüne Tomate Mexikos") und Andenbeere (auch „Kapstachelbeere" genannt). Auch die Kartoffel gehört zu diesen Verwandten der Tomate. Beim Verzehr gilt für alle Gemüse der Familie der Nachtschattengewächse, dass fast immer jeweils nur bestimmte

Die Tomatillo gibt Mischgemüse-Gerichten ein fruchtig-würziges Aroma.

Pflanzenteile essbar sind, zum Beispiel die unterirdische Knolle oder die reifen Früchte.

Keine Angst vor Solanin

Solanin ist ein giftiges Alkaloid, das in den grünen Pflanzenteilen von Tomate und Kartoffel vorkommt. Sie müssten aber schon größere Mengen unreifer Tomatenfrüchte verzehren, um Vergiftungssymptome zu spüren. Typische Beschwerden sind Brennen und Kratzen im Hals, Magenbeschwerden, Kopfschmerzen, Brechreiz, Durchfall und Sehstörungen. Das Alkaloid wird beim Kochen nicht zerstört. Nur bei der Fruchtreifung wird es chemisch umgewandelt.

***Tomatenblüten** stehen in Trauben. Sie enthalten männliche und weibliche Blütenorgane in einer Blüte.*

Solaningehalte unter 20 mg pro 100 g Frischsubstanz gelten als nicht gesundheitsschädigend. Ab einer Dosis von etwa 25 mg wirkt Solanin toxisch, ab 400 mg tödlich. In grünen, unreifen Tomaten finden sich etwa 1 bis 32 mg Solanin pro 100 g Frischfrucht. Während des Reifens und Wachsens der Früchte wird die Solaninkonzentration immer niedriger. In reifen Früchten ist Solanin kaum noch nachweisbar.

Grünfruchtige Tomaten sind reif, wenn sie „tomatig" schmecken und sich zu ihrer sortentypischen Größe sowie Farbe (ein helleres Grün als im unreifen Zustand) entwickelt haben. Auch müssen Fruchtfleisch und Samen voll ausgebildet sein.

SMART

Wirkung gegen Krebs

› **Neben vielen Vitaminen, Mineralstoffen und Spurenelementen** sind es vor allem die sekundären Pflanzenstoffe der Tomate, deren Wirkung in letzter Zeit von sich reden macht: „Gemüse gegen Krebs" und „Tomaten schützen die Prostata" sind die Schlagzeilen, die bestehende Vermutungen untermauern, dass man sich durch die richtige Ernährung vor Krankheiten schützen kann.

Tomaten – lecker und gesund

Die Tomate ist ein wertvoller Vitamin-, Mineralstoff- und Ballaststofflieferant und zudem äußerst schmackhaft und gesundheitsfördernd. Sie sollte täglich auf dem Speiseplan erscheinen.

Vitaminbomben

Tomaten sind reich an Vitamin A, das heißt an dessen Vorstufe Beta-Carotin. Ein Mangel an diesem lebenswichtigen Vitamin soll zu Funktionsstörungen in Haut und Schleimhäuten führen. So könnte Nachtblindheit ein Zeichen für Vitamin A-Mangel sein. Ein erwachsener Mensch hat einen täglichen Bedarf von etwa 800 bis 1000 µg .
Damit es im Körper seine Wirkung entfalten kann, sollten Sie zu den Tomaten immer ein wenig Fett hinzugeben, beispielsweise Öl oder Joghurt-Dip, oder Sie servieren sie mit Oliven oder Avocados. Vitamin A wird im Körper gespeichert und

1 ◂ **Tomaten enthalten auch viel Folsäure** (etwa 45 µg pro 100 g Frischfrucht). Der Tagesbedarf eines Erwachsenen beträgt etwa 300 µg. Vor allem älteren Menschen mangelt es häufig an Folsäure. Dieser wichtige Stoff hilft bei der Zellneubildung und -reparatur. Personen, die Medikamente einnehmen, viel Alkohol trinken oder viel Fleisch essen, haben einen erhöhten Folsäurebedarf, der unter anderem durch Tomaten gedeckt werden kann.

eine Überdosierung kann gesundheitsschädlich sein, was durch übermäßigen Tomatenverzehr aber nicht möglich ist.

Antioxidanzien halten gesund

Von den sekundären Pflanzenstoffen der Tomate wurde besonders das Carotinoid Lykopin bekannt, das zu den wirksamsten Antioxidanzien gehört. Diese Stoffe hemmen Alterungs- und Abbauvorgänge in den Zellen und bremsen auch die Entwicklung von Krebszellen.
Durch Kochen wird Lykopin besser für den menschlichen Organismus verwertbar. Sie sollten Tomaten sowohl in Form von warmen Speisen, Tomatenmark oder -ketchup als auch roh in den Speiseplan aufnehmen, Letzteres vor allem wegen einiger hitzeempfindlicher Vitamine. Außerdem sind Tomaten reich an Vitamin C. Vitamin C wirkt wie Vitamin E und Beta-Carotin antioxidativ, es fängt schädliche Radikale und schützt die Zellen. Außerdem ist Vitamin C bedeutsam für das Immunsystem und die Leistungsfähigkeit.

2

▲ **Das in Tomaten enthaltene Chrom** (5 µg pro 100 g Frischtomate) ist vor allem für Menschen wichtig, die häufig Süßigkeiten essen, da es am Kohlehydratstoffwechsel beteiligt ist. Zwar lässt sich der Tagesbedarf von 50 bis 200 µg Chrom nicht allein über Tomaten decken, aber immerhin ein Teil davon. Die übrigen Zutaten eines Tomatengerichts (beispielsweise Pilze, Muscheln, Fisch, Reis oder Getreideprodukte) können weitere wertvolle Stoffe liefern.

In 100 g Tomatenfrucht sind 24 bis 25 mg Vitamin C und 0,8 mg Vitamin E enthalten. Der Bedarf eines Erwachsenen liegt bei etwa 100 mg Vitamin C und 12 mg Vitamin E pro Tag. Ein weiterer Zellschutz-Wirkstoff ist Selen, das mit 1 µg pro 100 g Frischtomate enthalten ist.

Tomaten anbauen & pflegen

Die richtige Sorte

Die richtigen Sorten auszuwählen, ist eine wichtige Voraussetzung für den Anbauerfolg. Stabtomaten zum Beispiel wachsen stark in die Höhe und müssen an Stäben, Schnüren, Spiralen oder Spalieren geleitet werden. Buschtomaten bleiben kleiner und brauchen weniger Unterstützung.

Die Cherrytomate 'Dolce Vita' ist nicht nur eine Augenweide, sondern überzeugt auch geschmacklich.

Früchte nach Maß

Tomatenfrüchte gibt es in den Farben Rot, Gelb, Orange, Lilarot, Weiß und Grün; manche sind gestreift, andere einfarbig. Auch hinsichtlich der Formen variieren sie enorm: Es gibt birnenförmige, runde, gerippte und glatte Früchte.
Je nach Fruchtgröße und -form werden **Kirsch- oder Cocktailtomaten** (10 bis 40 g Fruchtgewicht), **Eiertomaten** (40 bis 60 g), **runde Sorten** (Fruchtgewicht 80 bis 100 g) und **Fleischtomaten** (Fruchtgewicht über 120 g) unterschieden.
Fleischtomaten können über 1 kg schwer werden. Ihre Früchte sind vielkammrig und neigen manchmal zur Mehligkeit. Auch geschmacklich werden die kleineren Sorten meist besser bewertet.
Die sogenannten **Hellfruchttypen** reifen gleichmäßiger, ihre Fruchtschale ist dünner und im unreifen Zustand einheitlich hellgrün gefärbt.
Die **grünfruchtigen Sorten** bleiben am Stängelansatz oft grün. Da diese grünen Stellen oft ausgeschnitten werden, ist die „Ausbeute" kleiner.
Während der Erwerbsgärtner bei der Sortenwahl auch auf die Transport- und Lagerfähigkeit achten muss, kann der Hobbygärtner zartschaligere Sorten anbauen, da er nur einen kurzen Transportweg vom Garten oder Balkon in die Küche hat.

Sorten mit besonderen Eigenschaften

Je nachdem, ob die Tomaten für den späteren Genuss anbaut oder ob mit ihren dekorativen Früchten Garten oder Balkon verschönert werden sollen, Sie können zwischen vielen Sorten wählen. Im Folgenden werden Ihnen einige Beispiele aus dem großen Angebot vorgestellt.

- **Empfehlenswerte Tomatensorten** für Hobbygärtner sind z.B. 'Culina' F1, 'Sportivo' F1 und 'Pannovy' F1 (runde Sorten), 'Suso' F1 und 'Kalimba' F1 (Fleischtomaten) sowie 'Dolce Vita' F1 und 'Dasher' F1 (Kirsch-/Cocktailtomaten).

- **Besonders dekorative Sorten** sind z.B. 'Goldita' F1 (goldgelbe Kirschtomate), 'Lila Sari' (lilafarben), 'Purpurkalebasse' (dunkelrote bis schwarze Früchte), 'Tigerella' (gestreift), 'White Wonder' (weiß), 'Yellow Pearshaped' (gelb, birnenförmig).
- **Niedrige, kleinfrüchtige Sorten** für Balkonkästen und Kübel sind z. B. 'Balkonstar' (rot), 'Tumbling Tom Yellow' (gelb), 'Red Robin' (rot), 'Phyra' (rot) und 'Tumbler' F1 (rot).
- **Höhere Sorten** für Kübel sind 'Harzfeuer' F1 (rot), 'Tigerella' (rot, gemustert), 'Goldene Königin' (gelb), 'Hellfrucht' (rot), 'Master' F1 (rot, Fleischtomate), 'Sweet 100' (rot, Kirschtomate), 'Yellow Pearshaped' (gelb, birnenförmig), 'Roma' (Eiertomate) und 'San Marzano' (Eiertomate).

'Harzfeuer' ist eine bewährte Tomate für Hobbygärtner.

> SMART
>
> **Wiederentdeckt**
>
> - **Alte Tomatensorten** sehen interessant aus und sind geschmacklich sehr nuancenreich.
> - **Die Anzucht** sollten Sie vornehmen, da Jungpflanzen selten angeboten werden.
> - **Zur Erhaltung alter Sorten** kann jeder Hobbygärtner beitragen. Im Internet werden diverse Projekte vorgestellt.

Robuste Sorten

Wer bei der Sortenwahl auch auf die Robustheit der Sorte achtet, hat später bei der Pflanzenkultur weniger Probleme.
Die Kraut- und Braunfäule ist im Hausgarten die gefürchtetste Tomatenkrankheit. Sie wird von einem Pilz hervorgerufen, der auch Kartoffeln befällt.
Robust gegen Kraut- und Braunfäule sind beispielsweise 'Philovita' F1, 'Phantasia', 'De Berao', 'Tigerella' und 'White Wonder'. Mit 7 bis 10 Tagen Verzögerung gegenüber anfälligen Sorten tritt die Krankheit bei 'Myrto' F1 und 'Vitella' F1 auf.

'Dasher' F1

▸ Die Früchte dieser roten Cherrytomatensorte sind etwa 20–30 g schwer, pflaumenförmig und wachsen in dekorativen Rispen. Ihr Geschmack ist fruchtig süß und aromatisch und lädt zum Naschen gleich von der Pflanze ein.

▸ Angeboten wird 'Dasher' F1-Saatgut z. B. von Gärtner Pötschke und Kiepenkerl. Die Sorte ist resistent gegen Tomatenmosaikvirus, Verticilliumwelke und Nematoden.

'Maranello' F1

▸ Die Früchte dieser früh reifenden Stabtomate sind intensiv rot, flachrund und relativ groß (100–120 g). Ihr Geschmack ist intensiv süß und aromatisch („Aromatomate").

▸ Angeboten wird 'Maranello' F1-Saatgut z. B. von Kiepenkerl. Die Pflanzen sind resistent gegen Tomatenmosaikvirus, Samtfleckenkrankheit, Verticilliumwelke und Fusarium sowie gegen Nematoden und Echten Mehltau.

'Culina' F1

▸ Die Früchte dieser mittelfrühen Strauchtomate sind leuchtend rot, recht groß (110 g und mehr) und schnittfest. Sie haften sehr gut an der Rispe und entfalten ihr volles, kräftiges Aroma vor allem, wenn sie an der Pflanze ausreifen dürfen.

▸ Angeboten wird 'Culina' F1-Saatgut z. B. von Kiepenkerl. Die Sorte ist resistent gegen Tomatenmosaikvirus, Samtfleckenkrankheit, Verticilliumwelke und Fusarium.

San Marzano-Tomaten

▸ Die Früchte der süditalienischen San Marzano-Tomaten („Flaschentomaten") sind länglich geformt, rot und wachsen in dichten Trauben. Ihr Geschmack ist intensiv fruchtig, daher eignen sie sich besonders für Soßen, Suppen und Tomatengerichte.

▸ Angeboten werden San Marzano-Tomaten z.B. von Ulla Grall Biosaatgut ('San Marzano'), Gärtner Pötschke ('Agro' F1), Sperli ('Corianne') und Kiepenkerl ('Corianne').

'Moneymaker'

- Die Früchte dieser frühen, ertragreichen Hellfruchtsorte sind mittelgroß und rot. Die hochwachsenden Pflanzen müssen an Stäben, Schnüren oder am Spalier geleitet werden.
- Angeboten wird 'Moneymaker' z.B. von Ulla Grall Biosaatgut, Fesaja-Versand und von Kiepenkerl. Da die Pflanze robust und die Früchte relativ platzfest sind, eignet sie sich auch für den Freilandanbau.

'Goldene Königin'

- Die Früchte dieser beliebten Sorte sind leuchtend goldgelb und rund. Sie bilden einen Durchmesser von 6 bis 8 cm und ihr Geschmack ist angenehm aromatisch. Die Pflanzen erreichen eine Höhe von etwa 1,20 m und werden als Stabtomaten kultiviert.
- Angeboten wird 'Goldene Königin' z.B. von Sperli. Sie eignet sich für den Anbau im Freiland, im Gewächshaus und im Kübel auf dem Balkon.

'Grünes Zebra'

- Die Früchte dieser extravaganten, alten Sorte sind etwa pflaumengroß und in reifem Zustand grün-gelblich gestreift. Ihr Geschmack ist fruchtig frisch. Die Pflanzen sollten an Stützen aufgebunden werden.
- Angeboten wird 'Grünes Zebra' z. B. von Magic Garden Seeds und von Ulla Grall Biosaatgut. Die Sorte eignet sich für den Anbau im Freiland, im Gewächshaus und im Kübel auf dem Balkon.

'De Berao'

- Die Früchte dieser frühen Stabtomate sind mittelgroß, ovalrund, rot, fest und aromatisch. Die starkwüchsige Pflanze muss an Stäben, Schnüren oder am Spalier geleitet werden.
- Angeboten wird 'De Berao'-Saatgut z. B. von Fesaja-Versand. Die Sorte ist robust gegenüber Kraut- und Braunfäule. Wegen ihres starken Wuchses eignet sie sich sogar zur Wandbegrünung am Spalier.

‘Pannovy’ F1

▸ Die Früchte dieser sehr ertragreichen, frühen Profisorte sind rot, rund, mittelgroß und ihr Geschmack ist angenehm aromatisch. Die Pflanzen müssen an Stäben, Schnüren oder am Spalier aufgeleitet werden.

▸ Angeboten wird ‘Pannovy’ F1-Saatgut für Hobbygärtner z. B. von Jörn Meyer Gemüsebau. Die Sorte ist resistent gegen Tomatenmosaikvirus, Samtfleckenkrankheit, Verticilliumwelke und Fusarium.

‘Sportivo’ F1 (Gourmet-Tomate)

▸ Die Früchte dieser mittelfrühen Stabtomate sind leuchtend rot, rund und schnittfest. Wegen ihres außerordentlich fruchtigen Aromas eignen sie sich besonders für Salate. Die Pflanzen werden ca. 1,50 m hoch und benötigen eine Stützhilfe.

▸ Angeboten wird ‘Sportivo’-Saatgut z. B. von Kiepenkerl. Die Sorte ist resistent gegen Tomatenmosaikvirus, Samtfleckenkrankheit, Verticilliumwelke und Fusarium.

‘Tigerella’

▸ Die Früchte dieser robusten Sorte sind rot-gelb gestreift. Ihr Geschmack ist fruchtig aromatisch. Die hochwachsende Stabtomate braucht Unterstützung durch Spalier, Stäbe oder Schnüre.

▸ Angeboten wird ‘Tigerella’ z. B. von Fesaja-Versand und von Ulla Grall Biosaatgut. Diese Sorte eignet sich für attraktive Tischdekorationen. Auch im Garten wirkt sie sehr dekorativ.

‘Philovita’ F1

▸ Die Früchte dieser früh reifenden Cherrytomatensorte werden 15–20 g schwer und verführen wegen ihres guten Geschmackes schon im Garten zum Naschen.

▸ Angeboten wird ‘Philovita’ F1-Saatgut z. B. von Kiepenkerl. Die Sorte ist tolerant gegenüber Kraut- und Braunfäule, einer Krankheit, die vor allem im Freiland auftritt, und sie ist resistent gegen Tomatenmosaikvirus, Fusarium und Nematoden.

'Tumbling Tom Red'

▸ Die Früchte dieser reichtragenden, mittelfrühen Balkontomatensorte sind kirschgroß, leuchtend rot ('Tumbling Tom Red') oder gelb ('Tumbling Tom Red') und verführen wegen ihres kräftigen Aromas zum Naschen.
▸ Angeboten wird 'Tumbling Tom'-Saatgut z. B. von Kiepenkerl. Die Sorte eignet sich für Balkonkästen, Kübel und Blumenampeln, weil hier ihr buschiger und überhängender Wuchs besonders gut zur Geltung kommt.

'Picolino' F1

▸ Die Früchte dieser reichtragenden, rotfrüchtigen Cocktailtomate sind äußerst schmackhaft und aromatisch. Die Sorte ist hochwachsend und benötigt Unterstützung durch Spalier, Stäbe oder Schnüre.
▸ Angeboten wird 'Picolino' F1 von Kiepenkerl und Gärtner Pötschke. Sie ist resistent gegen Tomatenmosaikvirus, Samtfleckenkrankheit, Verticilliumwelke, Fusarium und Nematoden.

'Goldita' F1

▸ Die Früchte dieser ertragreichen Cherrytomate sind orangefarben und etwa kirschgroß.
Sie schmecken süßlich aromatisch und kommen sowohl im Garten als auch auf dem Tisch besonders in Mischung mit roten Sorten zur Geltung.
▸ Angeboten wird 'Goldita' F1 z. B. von Kiepenkerl. Zum Schutz vor der Kraut- und Braunfäulekrankheit sollte diese Sorte überdacht angebaut werden, z. B. im Kleingewächshaus.

'Dolce Vita'

▸ Die Früchte dieser Cherrytomate wachsen in langen Rispen mit roten kirschgroßen Früchten. Ihr Geschmack ist süßlich aromatisch. Die Pflanzen sind auch in Kübeln auf Balkon und Terrasse äußerst attraktiv.
▸ Angeboten wird 'Dolce Vita' F1 z. B. von Kiepenkerl. Diese Sorte ist resistent gegen Tomatenmosaikvirus, Samtfleckenkrankheit, Verticilliumwelke, Fusarium und Nematoden.

Tomatenzüchtung

Wichtige Kriterien bei der Tomatenzüchtung sind Geschmack und Aussehen der Früchte sowie die Widerstandsfähigkeit der Pflanze gegenüber Krankheiten und Schädlingen. Den Erwerbsgärtner interessieren auch Ertrag, Haltbarkeit und Transportfähigkeit.

'Myrto' – diese köstliche Sorte ist etwas toleranter gegenüber der Kraut- und Braunfäule – da macht der Tomatenanbau wieder Spaß.

F1-Hybridsorten

Ein Sortenname mit dem Zusatz F1 sagt aus, dass diese Sorte eine Hybridsorte ist.
Der Begriff stammt aus der Vererbungslehre und der Saatgutzüchtung. F1-Hybrid-Samen entstehen aus der Kreuzung zweier reinerbiger, hochwertiger Elternsorten.
Hybridsaatgut wird durch Fremdbestäubung produziert. Anders als bei der Selbstbestäubung gelangen hier ausschließlich Pollen einer ausgewählten Vatersorte auf die Narben der Muttersorte. Der daraus entstehende Samen ist das Hybridsaatgut.
Die aus solchem Saatgut gezüchteten Pflanzen haben besonders gute Eigenschaften, z. B. tragen sie reicher, schmecken besser oder sind widerstandsfähiger gegenüber Krankheiten.
Sowohl die Pflanzen als auch die Früchte dieser ersten Generation haben alle die gleichen Eigenschaften. Über die positiven Eigenschaften verfügt aber nur die erste Generation, nämlich die, die direkt aus der Kreuzung hervorgegangen ist.
Wenn Sie aber die Samen dieser Pflanzen aussäen, dann gehen die gezüchteten Eigenschaften verloren! Sie spalten sich entsprechend der natürlichen Vererbungsregeln auf und es entstehen Pflanzen mit unterschiedlichen Merkmalen.

Longlife-Tomaten sind länger haltbar

Longlife-Tomaten werden wie die Hybridtomaten durch konventionelle Züchtungsmethoden, also Beobachtung, Auslese oder Kreuzungen, gezüchtet.
Longlife bedeutet langlebig. Die Sorten wurden danach ausgelesen, dass die Früchte auch nach ihrer Rotfärbung lange haltbar bleiben. Sie können einerseits länger an der Pflanze bleiben ohne abzufallen und sind nach der Ernte länger lagerfähig. Und: Der Gärtner hat weniger Arbeit, denn solche Tomaten müssen nicht täglich geerntet und sofort verbraucht werden. Eine empfehlenswerte Sorte ist 'Vanessa' F1.

Äußerlich ist eine Gentomate nicht als solche zu erkennen.

Gentomaten

Gentechnisch veränderte Tomatensorten werden durch direkten Eingriff in die Erbsubstanz „manipuliert". Kritiker weisen darauf hin, dass die Verwendung und somit unkontrollierte Ausbreitung gentechnisch veränderter Pflanzen, negative Auswirkungen auf die Natur haben kann, die nicht rückgängig zu machen sind. Solche extrem widerstandsfähigen Pflanzen könnten die natürliche Flora verdrängen. Auch sind bisher die Auswirkungen des Verzehrs gentechnisch veränderter Pflanzen auf den Menschen zu wenig geprüft worden (z. B. allergische Reaktionen und Antibiotika-Resistenzen). Ein weiterer Kritikpunkt ist die zunehmende Abhängigkeit der Landwirtschaft von riesigen Chemiekonzernen, die sowohl das gentechnisch veränderte Saatgut als auch das maßgeschneiderte Unkrautvernichtungsmittel, gegen das nur diese Sorte resistent ist, im Set anbieten.

SMART

Tomaten aus eigenem Samen

- **Tomaten** sind Selbstbestäuber. Werden die Samen ihrer Früchte ausgesät, so haben die Jungpflanzen die gleichen Eigenschaften wie die Eltern. Das gilt nicht für F1-Hybrid-Sorten.
- **Deren erste Nachkommen** (Pflanzen aus den gekauften Samen) haben zwar gleichmäßig gute Eigenschaften, aber in der nächsten Generation spalten sich diese in verschiedene Qualitäten auf.

Tomaten selbst anbauen

Am besten schmecken Tomaten aus eigenem Anbau – sei es aus dem Garten oder vom Balkon. Köstlich saftig, frisch glänzend und aromatisch im Geschmack, so sollen sie sein. Mit der richtigen Sorte und den folgenden Tipps gelingt Ihnen das auch.

So geht's!

Tomatenpflanzen werden im zeitigen Frühjahr im Gewächshaus, auf der Fensterbank oder im Frühbeetkasten vom Samenkorn zur Jungpflanze vorgezogen. Ins Freiland dürfen sie erst nach den Eisheiligen (um den 16. Mai), ins ungeheizte Gewächshaus schon ab Ende April.

Wer keinen warmen und hellen Platz zur Jungpflanzenanzucht hat, der sollte darauf verzichten und kräftige, gesunde Pflanzen beim Gärtner kaufen. Denn nur aus hochwertigen Jungpflanzen werden auch reich tragende Tomatenpflanzen.
Im Sommer gedeihen die Pflanzen dann im Freiland, unter einer Überdachung oder im Gewächshaus. Regelmäßige Pflege danken sie Ihnen mit stetiger Fruchtbildung. Bereits ab Juli bis zum Einsetzen der ersten Fröste können Sie fortlaufend ernten, bei Gewächshausanbau sogar noch länger.

SMART

Gute Nachbarn im Beet

- **Gute Nachbarn** sind z. B. Radieschen, Spinat, Rettich, Pflücksalat, Petersilie, Basilikum und Borretsch.
- **Sehr hübsch** sehen Tomaten mit untergepflanzten Sommerblumen aus, z. B. mit Tagetes, Lobelien oder Kapuzinerkresse.
- **Weniger gut** eignen sich Kartoffeln, Gurken, Fenchel und Erbsen.

Der richtige Platz für die Anzucht

Während der Keimphase sollten Sie einen wärmeren Platz als während der nachfolgenden Jungpflanzenphase wählen. Also müsste entweder die Temperatur regulierbar sein oder später der Standort verändert werden.
▸ **Der beste Platz** für die eigene Anzucht ist ein Kleingewächshaus mit verschiedenen Wärmezonen. Aber auch auf der warmen Fensterbank können Sie die Sämlinge in den Aussaatkisten zum Keimen bringen und

Von der Aussaat bis zur Ernte

Aussäen können Sie Freilandtomaten ab Ende März, Gewächshaustomaten schon ab Anfang bis Mitte März.

Gepflanzt werden Freilandtomaten Mitte Mai, Gewächshaustomaten schon ab Ende April/Anfang Mai.

Erntebeginn ist im Freiland ab Mitte Juli, im Gewächshaus bereits ab Anfang Mai, je nachdem, wann gepflanzt wurde.

die Pflanzen später dann auf eine Fensterbank in einem weniger beheizten Raum stellen. Dieser Platz sollte jedoch sehr hell sein. Mit Hilfe einer speziellen Pflanzenleuchte können Sie die Lichteinstrahlung optimieren.

- **Bei der Terminplanung** sollten Sie berücksichtigen, dass von der Aussaat bis zur Pflanzung etwa 7 bis 8 Wochen vergehen. Wenn Sie die Tomaten ab Ende April/Anfang Mai ins Kleingewächshaus pflanzen wollen, so müssten Sie etwa Anfang bis Mitte März aussäen. Sollen die Tomaten erst ab Mitte Mai ins Freiland, dann können Sie mit der Aussaat bis Ende März warten.
- **Der Platzbedarf** ist in der etwa zweiwöchigen Keimphase sehr gering. Sobald die Samen gekeimt und die Keimblätter entfaltet sind, werden die Pflanzen pikiert (vereinzelt). Der Abstand von Pflanze zu Pflanze sollte nun 10 cm nicht unterschreiten, damit sich alle Pflanzen frei entfalten können. Je mehr Licht und Luft die einzelne Pflanze erhält, desto besser gedeiht sie: Wenn Sie kräftige und gedrungene Jungpflanzen heranziehen, dann werden Sie auch mit einer reichen Ernte belohnt!

Für den eigenen Tomatenanbau findet sich immer noch ein Plätzchen.

Pflanzen kaufen

Ab Mitte/Ende April werden junge Tomatenpflanzen auf Wochenmärkten, in Gartencentern und Gärtnereien angeboten. Sie sollten aber bereits im Herbst Kontakt zu Ihrem Gärtner aufnehmen, vor allem, wenn Sie spezielle Wünsche hinsichtlich der Sorte oder des Pflanztermins haben.

Beim Kauf ist darauf zu achten, dass die Jungpflanzen kräftig und gedrungen wirken. Die beiden Keimblätter sollen intakt sein und die Blätter der Sprossachse eine sattgrüne Farbe aufweisen. Zu diesem Zeitpunkt müssen sich die Pflanzen noch selbst aufrecht halten. Auch sollte der erste Blütenstand bereits zu sehen sein.

Vom Samenkorn zur Jungpflanze

Wer einen hellen, warmen Platz im Kleingewächshaus, Wintergarten oder eine entsprechende Fensterbank hat, kann seine Lieblingssorten selbst heranziehen.

Aussaat und Pikieren

Ausgesät wird in Töpfen oder Aussaatschalen: Füllen Sie diese mit Aussaaterde bis etwa 2 cm unter den Rand und glätten Sie die Oberfläche. Anschließend verteilen Sie die Samen gleichmäßig auf der Erde und drücken diese leicht an. Danach sieben Sie darauf etwa 0,5 cm Erde. Nun müssen Sie nur noch Beschildern und mit einer feinen Brause angießen.

▸ **Die optimale Keimtemperatur** liegt bei etwa 22 bis 25 °C. Um ein feuchtes Kleinklima zu erzeugen, wird die Aussaat bis zur Keimung mit Folie, Vlies oder Papier zugedeckt. Sobald sich die ersten Keimlinge zeigen, sollte die Abdeckung entfernt werden. Die Keimdauer beträgt je nach Temperatur 5 bis 15 Tage. Aus den besten Keimlingen werden später die ertragreichsten Pflanzen. Daher sollten Sie mehr Samen aussäen als Sie Pflanzen benötigen und nur die am schnellsten gekeimten und gesunden Pflänzchen mit zwei intakten Keimblättern pikieren.

▸ **Pikieren** nennt man das Vereinzeln der Keimlinge. Sobald die gekeimten Sämlinge gut zu fassen sind, ist es soweit: Füllen Sie weitere Töpfe oder Schalen mit einer nicht zu stark gedüngten Blumenerde und drücken die Oberfläche leicht an. Anschließend bohren Sie in diesen mit einem Pikierholz oder Bleistift kleine Löcher vor. Nachdem Sie einen Keimling nach dem anderen mit dem Pikierhölzchen vorsichtig aus der Aussaatschale entnommen haben, führen Sie dessen Wurzeln vorsichtig in eines der vorgebohrten Löcher. Dann drücken Sie – von der Seite mit dem Holz – die Erde an die Wurzeln des Pflänzchens. Dieses sollte nach dem Andrücken fest sitzen. Zum Schluss müssen Sie

Die frischen Aussaaten werden mit weicher Brause gegossen.

nur noch vorsichtig angießen und die Gefäße sehr hell bei etwa 20 bis 22 °C aufstellen.

Pflege in der Jungpflanzenphase

Nach dem Pikieren beginnt die etwa fünfwöchige Jungpflanzenphase. Gegossen wird grundsätzlich nach Bedarf: Die Erde soll feucht aber nicht „patschnass" sein, denn zu viel Nässe im Boden führt zu bodenbürtigen Krankheiten oder Fäulnis. Nach etwa zehn Tagen sind

SMART

Tomaten veredeln

Edelsorten werden auf eine Unterlage (z. B. 'Vigomax' F1) gepfropft, um Fruchtqualität und Ertrag zu erhöhen.

- **Die Unterlage** wird etwa eine Woche vor der Edelsorte ausgesät.
- **Veredeln** kann man nach dem Pikieren bei einer Stieldicke von 2 bis 3 mm.
- **Edelsorte und Unterlage** werden mittels Keramikstift und Klebeband miteinander verbunden.
- **Veredelungssets** gibt es z. B. bei Kiepenkerl.

Bereits in dieser Größe sollten die Pflänzchen vereinzelt (pikiert) werden.

die Pflänzchen angewachsen. Von nun an sollten Sie dem Gießwasser einmal wöchentlich eine schwache Düngerlösung (z. B. Tomatenflüssigdünger) beimischen.

Tomaten lassen sich übrigens auch über Stecklinge vermehren. Dazu werden etwa 7 cm lange Sprossabschnitte in die Erde gesteckt oder in Wasser gestellt. Bei etwa 20 °C bilden sich innerhalb weniger Tage Wurzeln. Die bewurzelten Stecklinge können Sie in eine nicht zu nährstoffhaltige Erde topfen und normal weiterkultivieren.

Freiland oder Gewächshaus?

Wer leckere, gesunde Tomaten ernten will, sollte seinen Pflanzen einen guten Boden und die richtige Pflege bieten.
Tomaten lieben es warm und sonnig bei gleichzeitig viel frischer Luft. Je nach Standort – Freiland oder Gewächshaus – sind einige Besonderheiten zu beachten.

Eine Überdachung schützt vor Regen und damit vor vielen Krankheiten – aber gute Belüftung ist genauso wichtig.

Pflanzung und Pflege

Am besten gedeihen Tomaten im warmen humosen oder sandigen Lehmboden. Vor der Pflanzung sollte der Boden tief gelockert und Kompost untergemischt werden (5–10 Liter Kompost pro m²).

▸ **Gepflanzt** wird so, dass die erste Blütentraube zum Weg zeigt. Das erleichtert die spätere Ernte. Setzen Sie die Pflanzen so tief, wie sie vorher im Topf standen, je nach Sorte etwa zwei bis drei Pflanzen pro m². Hochwachsende Sorten sollten Sie z. B. an Schnüren, Pfählen oder Spiralstäben nach oben leiten.

▸ **In der Wachstumsphase** wird die Tomate weiter aufgebunden, Seitentriebe in den Seitenachseln der Stabtomaten ausgebrochen und kranke bzw. verfärbte Blätter entfernt. Bester Zeitpunkt für das Ausbrechen und Entblättern ist der frühe Nachmittag an sonnigen Tagen.

▸ **Durch Schütteln** der Pflanzen ein- bis zweimal wöchentlich (jeweils kurz vor Mittag) kann die Bestäubung und damit die Fruchtbildung gefördert werden.

▸ **Gegen Ende der Saison** sollten Sie Ihre Gewächshauspflanzen etwa drei Blätter über der siebenten bis achten Traube „köpfen“, Freilandpflanzen bereits nach der fünften bis sechsten Traube. Mehr Früchte können bis zum Frosteinbruch nicht reifen.

Freiland oder Gewächshaus?

Ungeschützt ins Freiland gepflanzte Tomaten werden oft Opfer der Kraut- und Braunfäulekrankheit.

▸ **Am besten gedeihen** Tomaten unter einem Dach, das sie vor Regen schützt – z. B. unter einem Dachvorsprung, hochgestellten Frühbeetkasten, Kleingewächshaus oder einer überdachten Terrasse. Wer früh pflanzen möchte und kein Gewächshaus hat, kann sich in kalten Nächten mit speziellen Folienhauben aus dem Gartencenter behelfen. An heißen Tagen müssen die Hauben abgenommen werden, um Hitzeschäden zu vermeiden.

Tomatenhauben bieten im Frühjahr/Herbst Kälteschutz. Aber Vorsicht: Im Sommer kann es darunter zu heiß oder Luftfeuchte gestaut werden.

Viel frische Luft

Wenn Sie zeitig Tomaten ernten wollen, dann sollten Sie diese im Gewächshaus anbauen.
Geeignet sind einfache Folienhäuser oder Gewächshäuser mit Glas- oder Kunststoffeindeckung. Für alle Modelle gleichermaßen wichtig ist, dass diese mit großen Lüftungsöffnungen ausgestattet sind, denn so wichtig der Schutz vor Kälte im Frühjahr und im Herbst ist, im Sommer muss das Gewächshaus viel frische Luft hineinlassen können. Denn zu hohe Temperaturen schädigen die Pflanzen ebenso wie zu tiefe. Außerdem sorgt ein leichter Luftzug für ein schnelles Abtrocknen der Pflanzen, was sie gegen die Ansiedlung einiger gefürchteter Krankheiten schützt. Automatische Lüftungseinrichtungen erleichtern das Lüften.

SMART

Fruchtwechsel auch bei Tomaten

- **Wer Tomaten jedes Jahr** an die gleiche Stelle pflanzt, kann davon ausgehen, dass sich Wurzel- und Stängelkrankheiten sowie Schädlinge im Boden vermehren. Sie müssen daher jährlich den Anbauplatz wechseln oder auf Kübel ausweichen.
- **In einem Gewächshaus** sollten die Plätze von Tomaten, Gurken, Paprika, Aubergine, Bohnen und Melonen jährlich getauscht werden.

Bewässerung und Düngung

Pflanzen bestehen zu 85 bis 98 % aus Wasser. Dieses wirkt als Quellungs- und Lösungsmittel, als Baustoff und als Transportmittel. Je wärmer es ist, desto mehr Wasser mit den darin gelösten Nährstoffen wird von den Wurzeln aufgenommen und bis in die Triebspitzen und Blätter transportiert.

Richtig gießen

Bewässert werden Tomatenpflanzen nach Bedarf. Dieser ist z. B. abhängig von der Witterung, der Sorte, dem Pflanzabstand und der Bodenart.
Die Erde sollte im Wurzelbereich feucht, aber nicht nass sein. Sandige Böden brauchen häufiger einen leichten Guss. Lehmigere hingegen sollten seltener, aber dafür durchdringender gewässert werden.
Zur Arbeitserleichterung können Sie die Bewässerung automatisieren. Sehr gut eignen sich Tropfbewässerungen, denn das Wasser gelangt so direkt an die Wurzeln. Auch bleibt der Boden zwischen den Pflanzen und diese selbst trocken. Das hat den Vorteil, dass auch die Luft im Pflanzenbereich trockener bleibt. Und ein trockenes Klima schützt vor Pilzkrankheiten, wie beispielsweise Kraut- und Braunfäule.
Der Gießvorgang kann je nach System durch Auf- und Abdrehen des Wasserhahns, über eine Zeitschaltuhr oder über einen Feuchtigkeitsfühler (automatische Bewässerung) ausgelöst werden.

Wie düngen?

- **Vor der Pflanzung: 5–10 l Kompost pro m²**
- **Nach der Pflanzung: Zweimal etwa 50–80 g organisch-mineralischen Volldünger pro m²**
- **Bei Bedarf zusätzliche Mengen von Flüssigdünger geben.**

Düngung am Bedarf ausrichten

Einen Teil der Nährstoffe haben die Tomaten bereits bei der Pflanzung in Form von Kompost erhalten. 5 l Kompost enthalten ungefähr 20 g Stickstoff (N), 10 g Phosphat (P_2O5) und 17 g Kali (K_2O), darüber hinaus Kalk, Magnesium, Spurenelemente und nützliche Mineralstoffe.
Im weiteren Wachstumsverlauf können Sie mehrmals Volldünger-Gaben verabreichen. Organische Dünger müssen erst einmal durch die Bodenlebewesen aufgeschlossen werden. Das Bodenleben wird somit gefördert und es verbessern sich indirekt die Bodeneigenschaften.
Wer einen organisch-mineralischen Dünger wählt, streut vier und acht Wochen nach der Pflanzung ca. 50 bis 80 g Dünger pro m². Flüssigvolldünger (z. B. einen Tomatendünger) sollten Sie alle ein bis zwei Wochen nach Anleitung auf der Packung zum Gießwasser hinzugeben.
Es ist immer ratsam, nicht ausschließlich Düngungsanleitungen zu befolgen, son-

dern intensiv seine Pflanzen zu beobachten und dann entsprechend zu handeln: Hellgrüne Blätter und schwach wachsende Pflanzen weisen oft daraufhin, dass diese zu knapp versorgt sind. Dann sollten Sie zwei- bis dreimal im Abstand weniger Tage mit einem Flüssigdünger Nährstoffe hinzufügen. Dunkelgrüne, dicke Blattschöpfe zeigen, dass vorübergehend Abspecken angesagt ist: Düngen Sie diese Pflanzen so lange nicht, bis diese Symptome verschwunden sind.
Etwa vier Wochen vor dem voraussichtlichen Kulturende, also je nach Region Anfang bis Mitte September, können Sie das Düngen völlig einstellen.

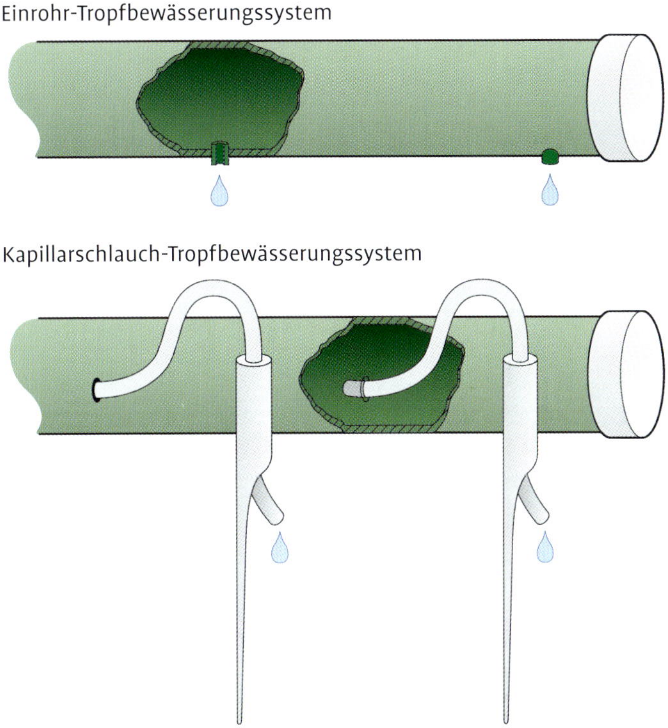

Tröpfchenbewässerung ermöglicht gezieltes Gießen. Dadurch wird Wasser gespart und die Pflanzengesundheit gefördert.

SMART

Hungrig oder satt?

- **Überdüngung** zeigt sich an dunkelgrünen, „mastigen" Pflanzen, deren obere Blätter schopfartig nach unten gebogen sind. Einige Zeit nicht düngen.
- **Unterernährte Pflanzen** haben schwaches, hellgrünes Laub und Wachstumsstörungen. Hier hilft ein schnell wirkender Flüssigdünger.

Bodenuntersuchung

Allgemeine Düngeempfehlungen sind sehr vereinfacht, sie sollten daher an den Nährstoffgehalt des Bodens, die Tomatensorte und ihre Wüchsigkeit sowie den Pflanzabstand und ähnliche Faktoren angepasst werden. Eine Bodenuntersuchung im zeitigen Frühjahr kann über den tatsächlichen Nährstoffgehalt des Bodens Aufschluss geben und Ihre Düngergaben optimieren. Regelmäßige Bodenuntersuchungen sind ausgesprochen sinnvoll und besonders im Gemüsegarten angebracht. Sie sollten im Abstand weniger Jahre wiederholt werden (Informationen und Adressen gibt es z. B. bei der Bayerischen Gartenakademie, siehe Informationsquellen auf Seite 63).

Tomaten gesund erhalten

Regelmäßiges Ausgeizen verbessert die Pflanzenbelüftung und schafft ein besseres Kleinklima.

Pflanzen können krank oder von Schädlingen befallen werden. Zwar haben sie auch eigene Abwehrmechanismen, aber je nach Standort, Klima- oder Bodenverhältnissen sind diese mehr oder weniger wirksam.

Vorausschauend gärtnern

Das Beste für Tomaten ist, sie an einen warmen, vollsonnigen Platz bei gleichzeitig viel frischer Luft zu pflanzen. Hier fühlen sie sich wohl. Wer zudem einen lockeren, humosen Boden und einen Regenschutz bieten kann und auch auf eine bedarfsgerechte Ernährung achtet, hat schon sehr viel für die Gesundheit seiner Tomaten getan.

Kalte und nasse „Füße" sind beim Tomatenanbau unbedingt zu vermeiden. Denn zu viel Wasser verdrängt den Sauerstoff aus dem Bodenraum: Es leiden die Wurzeln und somit die ganze Pflanze. Zudem fördern Nässe und schlechte Bodenstruktur verschiedene bodenbürtige Pilze und Bakterienkrankheiten, z. B. Korkwurzelkrankheit, Stängelgrundfäulen oder Verticillium-Welke. Es muss vorausschauend gepflegt und z. B. vor kühlen Perioden nur vorsichtig gewässert werden, um der Pflanze ein längeres Fußbad zu ersparen. Berücksichtigen Sie außerdem, dass der Wasserbedarf bei windigem Wetter wesentlich höher ist als bei Windstille.
Wenn Sie Ihre Pflanzung gezielt im Wurzelbereich gießen, breitet sich das Wasser zwiebelförmig nach unten aus. So wirkt die Erde oberirdisch trocken, aber unterirdisch sind die Wurzeln gut versorgt. Auch bleibt so die Luft oberhalb des Bodens trockener, was die Taubildung vermindert und somit auch die Ansiedlung von Pilzkrankheiten.

SMART

Vorbeugen im Überblick

- **Für das Freiland** sind Sorten geeignet, die widerstandsfähig gegen Kraut- und Braunfäule sind.
- **Gewächshaustomaten** sollten aus Sorten bestehen, die gegenüber typischen Gewächshauskrankheiten robust sind.
- **Standort:** Warm, sonnig, wenn möglich überdacht, mit Frischluftzufuhr.
- **Düngung und Bewässerung:** Nach Bedarf, Pflanzenoberfläche trocken halten.

Tomaten vertragen sich mit fast allen Nachbarn gut.

Im Einklang mit der Natur arbeiten

Ebenso wie in der Natur gibt es auch im Garten keine keim- oder schädlingsfreien Zonen. Aber Sie können dafür sorgen, dass Krankheitserreger ungefährlich bleiben und Schädlinge keinen Schaden anrichten. Wenn Sie den Anbauplatz jährlich wechseln, können sich die auf Tomaten spezialisierten Krankheitserreger und Bodenschädlinge nicht im Boden vermehren.
Auch sollten Sie Tomatenstützen, Bindematerial, Werkzeuge und Gefäße nach dem Gebrauch gründlich und bei hohen Temperaturen reinigen. Fördern Sie die natürlichen Feinde der Schädlinge, z. B. indem Sie Frühblüher im Garten kultivieren. Von den Pollen dieser Pflanzen ernähren sich Flor- und Schwebfliegen, deren Larven wiederum vertilgen Blattläuse.

Was macht Sorten robust?

Von Resistenz spricht man, wenn eine Sorte immun gegen eine bestimmte Schaderregerinfektion ist und daher nicht befallen wird. Toleranz bedeutet, dass die so bezeichneten Sorten zwar von schädlichen Erregern befallen werden können, ihre Erträge aber dadurch nur wenig gemindert werden. Als widerstandsfähig werden Pflanzen eingestuft, bei denen es keine genetische Resistenz/Toleranz gibt. Dennoch wird bei ihnen ein geringerer Befall als bei Vergleichssorten beobachtet. So gibt es z. B. widerstandsfähige Sorten gegen Kraut- und Braunfäule aber keine resistenten.

Krankheiten und Schädlinge

Kontrollieren Sie Ihre Pflanzen regelmäßig. Je früher ein Krankheits- oder Schädlingsbefall festgestellt wird, desto besser sind die Erfolgsaussichten.

Was tun bei Schädlingsbefall?

Die am häufigsten vorkommenden Schädlinge an Tomaten sind Blattläuse und Weiße Fliege. Schauen Sie bei ihren Kontrollgängen auch auf die Blattunterseiten, dort finden Sie diese meist zuerst.

- Erwachsene Weiße Fliegen sehen aus wie sehr kleine weiße Motten. Ihre unbeweglichen Larven erscheinen wie winzige Eier.
- Blattläuse sind kleine, gelbe, grüne oder rote Insekten mit oder ohne Flügel. Sie treten meist in Kolonien auf der Blattunterseite, an Trieben und Blüten auf.

SMART

Erste Hilfe

- **Schädlinge** wie Weiße Fliege und Blattläuse können mit einem Kaliseife-Präparat behandelt werden.
- **Blätter und Früchte** mit Flecken sollten Sie sofort entfernen.
- **Dauerhaft welkende Pflanzen** sind möglicherweise von Nematoden oder einer Welkekrankheit befallen. Diese möglichst schnell entsorgen!

Weiße Fliegen können mit Schlupfwespen biologisch bekämpft werden.

Ist der Befall noch nicht zu hoch, können Sie Weiße Fliegen und Blattläuse an geschützten Standorten (z. B. im Kleingewächshaus) mit Hilfe von Nützlingen bekämpfen. Schlupfwespen beispielsweise legen ihre Eier in die Schädlinge, die später von deren Larven ausgehöhlt werden. Erkennbar ist dies daran, dass sich die Weiße Fliege-Larven schwarz färben oder die Blattläuse eine metallische Farbe annehmen. Die Larven der Florfliege wiederum saugen die Läuse aus. Verschiedene Nützlingszüchter bieten Florfliegen und

Schlupfwespen gegen Schädlinge an.
Ist der Befall schon weiter fortgeschritten, können Sie auch ein nützlingsschonendes Präparat (z. B. Kaliseife-Präparat aus dem Gartenfachhandel) anwenden.
Ein weiterer Schädling sind Nematoden, winzige Fadenwürmer, die mit bloßem Auge nicht sichtbar sind. Befallene Pflanzen kümmern und haben Verdickungen an den Wurzeln. Sie sollten sofort entfernt und entsorgt werden. Vorbeugende Maßnahmen sind auch hier der jährliche Wechsel des Standortes und der Anbau widerstandsfähiger Sorten (z. B. 'Myrto' F1, 'Kyndia' F1, 'Maranello' F1, 'Picolino' F1) oder solcher, die auf eine widerstandsfähige Unterlage ('Vigomax' F1, 'Brigeor' F1) veredelt wurden.

Die Kraut- und Braunfäule ist in unseren Breiten bei nicht überdachten Tomaten die häufigste Krankheit.

Strategien gegen Krankheiten

Die Kraut- und Braunfäulekrankheit ist die gefährlichste Tomatenkrankheit im Hobbyanbau. Sie zeigt sich durch Verbräunungen an Stängeln, Blättern und Früchten. Ist diese Pilzkrankheit ausgebrochen, gibt es keine Bekämpfungsmöglichkeit mehr. Sie kann sich nur bei Feuchtigkeit auf den Blättern ansiedeln. Daher sollten Sie das Laub der Tomaten trocken halten und keinesfalls mit Wasser übergießen. Auch sorgt ein ausreichend großer Pflanzabstand für genügend Luft im Bestand. Regelmäßiges Lüften und Ausgeizen (Entfernen der in den Blattachseln wachsenden Seitentriebe) ist ebenso angebracht. Dies beugt auch der Samtfleckenkrankheit vor. Wer im Freiland Tomaten ohne Überdachung anbaut, sollte gegen Kraut- und Braunfäule widerstandsfähige Sorten wählen (siehe Kapitel „Robuste Sorten", Seite 19).
Gegen verschiedene Welkekrankheiten können Sie vorbeugen: Tomaten nur alle vier Jahre an den gleichen Platz pflanzen, resistente Sorten wählen oder veredelte Tomaten anbauen.

Tomatiges auf Balkon und Terrasse

Wer keinen Garten hat, muss auf leckere, selbst angebaute Tomaten nicht verzichten: Viele Tomatensorten lassen sich gut in Kübeln und Kästen kultivieren. Sehr dekorativ wirken sie zusammen mit anderem Gemüse, Kräutern und Sommerblumen, ebenso in Einzelstellung in der Blumenampel.

Akzente setzen

Eine nach Südosten, Süden oder Südwesten gelegene Terrasse bietet meist gute Bedingungen für Tomaten. ▸ Kleinwüchsige Balkontomatensorten lassen sich wunderbar in bunt gemischte Balkonkästen pflanzen. Kombiniert mit Gewürzen, wie Majoran, Basilikum und Borretsch, oder Gemüse, wie kleinwüchsigem Paprika, Peperoni oder buntblättrigem Salat, bieten sie eine würzig duftende Augenweide, von der sogar genascht werden darf. Ebenfalls attraktiv wirken Tomaten zusammen mit Sommerblumen, z. B. gelb blühenden Sanvitalien, blauen Lobelien oder gelben Gänseblümchen (*Thymophylla*). Balkontomatensorten sind zudem sehr pflegeleicht: Das Ausgeizen entfällt und nur gelegentlich müssen braune Blätter entfernt werden. Aber nicht nur Balkontomaten, auch hoch wachsende Sorten sind in entsprechend größeren Kübeln sehr attraktiv. Die Kübel sollten etwa acht bis zehn Litern Erde Platz bieten. Sie geben Ihrer Terrasse ein mediterranes Flair, wenn Sie Tomaten und andere Gemüsearten, Kräuter und Sommerblumen in Terrakotta-Gefäßen anbauen. Lieben Sie es eher rustikal, z. B. im Stil eines Bauerngartens, dann sollten Sie Holzgefäße oder Steintröge verwenden.

Birnenförmige Tomaten.

Pflanzenkultur auf Balkon und Terrasse

Tomaten können in Balkonkästen, Töpfe und Kübel aus Terrakotta, Holz, Kunststoff und anderen Materialien gepflanzt werden. Wichtig ist, dass das Gefäß unten ein oder mehrere, ausreichend große Abzugslöcher hat. So kann nach einem Regen oder wenn zu viel gegossen wurde das überschüssige Wasser ablaufen. Als Pflanzerde eignen sich Blumenerden, wie sie über-

Fruchtiger Balkonschmuck direkt zum Wegnaschen.

all im Gartenfachhandel angeboten werden oder lockere, humose Kompostmischungen aus eigener Herstellung. Der Kompost sollte sehr gut abgelagert und maximal zu einem Drittel Bestandteil der Mischung sein.

Geeignete Sorten

Für Balkonkästen und Ampelbepflanzungen eignen sich z.B. 'Tumbling Tom', 'Balkonstar', 'Gnom' F1 , 'Red Robin' (orange), 'Gartenperle', 'Minibell', 'Phyra' und 'Tumbler' F1 .

▸ **Für Kübelbepflanzungen** können Sie höher wachsende Sorten wählen, z. B. 'Pannovy' F1, 'Tigerella', 'Goldene Königin' (runde Sorten), 'Suso' F1 (Fleischtomate), 'Dasher' F1 (Kirschtomate), 'Yellow Pearshaped' (gelb, birnenförmig), 'San Marzano' (Flaschentomate). Die Pflanzen benötigen auch im Kübel einen Stab oder ein Gitter, an dem sie aufgebunden werden. Außer zur Wandbegrünung sollten Sie die Sorten eintriebig erziehen, indem Sie die in den Blattachseln entstehenden Seitentriebe herausbrechen (ausgeizen). Nach der sechsten Blütentraube wird der Haupttrieb gekappt.

SMART

Tomaten am Spalier

› **Mit Tomaten** können Sie sogar Wände oder frei stehende Spaliere begrünen. Dazu verwenden Sie eine stark wachsende Stabtomatensorte und pflanzen diese in einen Kübel, einen Trog oder direkt ins Beet an die zu begrünende Wand. Lassen Sie mehrere Seitentriebe wachsen und leiten Sie diese wie den Haupttrieb an Stäben, Schnüren oder am Spalier hinauf.

Balkontomaten pflegen

Bei der Pflege von Pflanzen in Balkonkästen, Töpfen oder Kübeln ist wegen des geringen Platzangebotes richtiges Gießen und Düngen besonders wichtig.

So gedeihen Tomaten!

Die Topferde sollte feucht, aber nie nass sein. Daher brauchen die Gefäße Abzugsöffnungen. Bei Verwendung eines Übertopfes oder eines Untersetzers sollten Sie spätestens 20 Minuten nach dem Gießen das überschüssige Wasser wegschütten. Bei Kübeln, die mit dem Abzugsloch auf dem Boden aufliegen, müssen Sie kleine Abstandsklötzchen unterlegen um den Ablauf zu gewährleisten. Das verhindert auch das Faulen der Unterseite bei Kübeln aus Korb oder Holz.

Achten Sie beim Gießen darauf, dass die Blätter nicht mit Wasser benetzt werden. Sie sollten eine lange Tülle verwenden und direkt auf die Erde gießen. Vermeiden Sie große Schwankungen zwischen trocken und nass, denn dies kann bei manchen Sorten ein Aufplatzen der Früchte begünstigen.

▸ Nährstoffproviant erhalten die Tomaten durch die Pflanzerde. Während des Wachstums der Pflanzen sollten Sie zusätzlich düngen, z. B. mit Flüssigdünger (z. B. Tomatendünger) oder einem wasserlöslichen Dünger, den Sie ein- bis zweimal wöchentlich entsprechend der Dosierungsangabe dem Gießwasser beimengen. Da die Nährstoffmenge je Pflanze von der Sorte und den örtlichen Gegebenheiten abhängt, sollten Sie Ihre Pflanzen beobachten: Werden sie dunkelgrün und mastig, setzen Sie für einige Wochen mit dem Düngen aus. Sind sie blass und mager, düngen Sie häufiger.

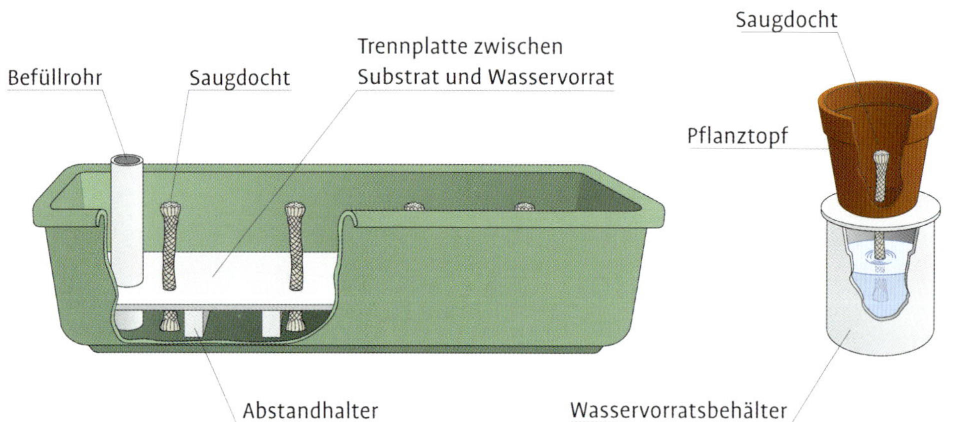

Dochtbewässerung erspart häufiges Gießen.

Balkonbewässerung automatisieren

Wer viele Balkon- oder Terrassenpflanzen hat, kennt das mühsame Kannenschleppen im Sommer und die Sorge um die Pflanzen bei Urlaub oder einem verlängerten Wochenende.
Mit Hilfe einer automatischen Wasserversorgung können Sie sich diese Arbeit erleichtern. Es gibt z. B. Blumenkästen und Töpfe mit eingebautem Wasservorratsbehälter (Manna). Das Wasser wird über Dochte in den Wurzelbereich geleitet.

SMART

Ausflugsziel Weihenstephan

› **Die Forschungsanstalt für Gartenbau** Weihenstephan zeigt in ihrer Kleingartenanlage Beispiele zum Thema Gemüseanbau, speziell auch zum Anbau auf Balkon und Terrasse einschließlich verschiedener Bewässerungssysteme. Diese attraktiven Bepflanzungsideen, z. B. Tomaten kombiniert mit Kräutern und Sommerblumen, sind unbedingt einen Ausflug wert!

Hochwachsende Tomaten werden an Spiralstäben oder Spalieren emporgeleitet. Balkonkastensorten benötigen meist keine Stütze.

Bewährt haben sich auch verschiedene Tropfbewässerungssysteme, die im Gartenfachhandel erhältlich sind: Bei Tropf-Blumat (Blumat) und Beta 8 (Beckmann) wird das Gießen an jeder einzelnen Tropfstelle über einen Keramik- oder Holzsensor gesteuert. Bei anderen Systemen (z.B. von Gardena, Beckmann, BTF) werden die Gießvorgänge mit Zeitschaltuhr, Bewässerungscomputer und/oder Feuchtigkeitsmessgerät zentral gesteuert.
Ihr Bewässerungssystem sollte bereits lange vor der Urlaubszeit installiert werden, denn die Technik benötigt oft noch einige Feinabstimmung, bis sie fehlerfrei läuft. Und auch dann sollte sie regelmäßig kontrolliert werden.

Tomaten im Gartenjahr

Wer Tomaten liebt, kann sich ihnen das ganze Jahr über widmen. Im Winter werden Kataloge gewälzt, der Anbau geplant und im Frühjahr konkret vorbereitet, was im Sommer eine reiche Ernte bringen soll.

Bereits im Januar können Sie mit den ersten Vorbereitungen beginnen, Samenkataloge sichten und den Anbau im Garten und auf dem Balkon planen. Auch sollten Sie im Januar und Februar die Restbestände Ihres Saatgutes vom Vorjahr auf Keimfähigkeit prüfen und Keimproben durchführen.

Im Märzen der Bauer …

Die Rösslein werden zwar nicht angespannt, aber ab Mitte März kann mit den Aussaaten für das spätere Auspflanzen ins Kleingewächshaus begonnen werden, ab Monatsende erst für die Pflanzung ins Freiland.

Im **April** sollten Sie die Keimlinge vereinzeln (pikieren), später in Töpfe setzen und schließlich ab Ende des Monats ins frostfreie Gewächshaus auspflanzen.
Im **Mai** können die Jungpflanzen ins unbeheizte Gewächshaus und nach den Eisheiligen, ab etwa 16. Mai, ins Freiland.

1 ◂ **Es sollten stets** gesunde und kräftige Jungpflanzen verwendet werden. Wer keine eigenen Pflanzen angezogen hat, kann sie in einer Gärtnerei, auf dem Wochenmarkt oder im Gartencenter kaufen. Ab Juni sollte bei Bedarf nachgedüngt werden. Auch weitere Pflegearbeiten sind wichtig: Krankes Laub regelmäßig entfernen und die überflüssigen Seitentriebe der Stabtomaten ausbrechen. Die Tomatenpflanzen können Sie am Spalier, Spiralstab, an Pfählen oder Schnüren hochleiten oder mit einem Gitter stützen.

Sommerzeit ist Pflege- und Erntezeit

Ab Juli beginnt die Ernte, zuerst im Gewächshaus, später im Freiland. Die Pflegearbeiten und das Düngen werden weitergeführt.

Ab August ist ein Regenschutz für die Tomatenpflanzen besonders wichtig, damit sich die Kraut- und Braunfäule nicht ansiedeln kann. Auch Spritzwasser und Taubildung sollten vermieden werden: Durch vorsichtiges Gießen und regelmäßiges Lüften im Gewächshaus. Nun ernten Sie reichlicher und das Haltbarmachen beginnt.

Mitte/Ende September wird der Haupttrieb nach der sechsten bis achten Traube geköpft, denn mehr reife Früchte kann die Pflanze bis zum Frosteinbruch nicht ausbilden.

Im Oktober endet die Tomatensaison. Früchte, die draußen nicht völlig ausgereift sind, können im warmen Zimmer nachreifen. Im November sollten Sie die Anbauflächen komplett abräumen und im Dezember bleibt nur noch das Kontrollieren der eingemachten Tomaten und die Vorfreude auf das nächste Gartenjahr.

2

▲ Erntezeit ist die schönste Zeit. Wer das Erntegut gleich verwertet, sollte die Früchte in vollreifem Zustand ernten. Nur wer länger lagern möchte oder einen säuerlichen Geschmack bevorzugt, erntet etwas früher. Die Fruchtstiele haben kurz hinter den Kelchblättern eine „Sollbruchstelle“. Durch Druck an dieser Stelle wird die Frucht von der Traube getrennt.
Was sofort verbraucht wird, kann je nach Sorte und Reifezustand einige Zeit gelagert werden. Bei reicheren Erträgen können Sie die Tomaten einlegen, trocknen oder anders haltbar machen.
Die optimale Aufbewahrungstemperatur für Tomaten beträgt etwa 14 °C. Sie sollten nicht im Kühlschrank gelagert werden, denn dort verlieren sie viel von ihrem Aroma.

Tomaten-küche

Küchenpraxis

Die Tomate ist wegen ihrer Schmackhaftigkeit und vielseitigen Verwendbarkeit unser Lieblingsgemüse geworden. Auch wegen ihrer Gesundheitswirkung macht sie von sich reden. Im Folgenden ein paar Tipps, wie Sie Aroma und Gesundheitswert voll zur Geltung kommen lassen.

Tomaten verarbeiten

Egal ob die Tomaten gekauft wurden oder aus dem eigenen Garten stammen, die Früchte sollten grundsätzlich vor dem Verarbeiten und dem Verzehr mit sauberem Wasser gereinigt werden. Wenn möglich, sollte die Tomatenschale mitverwertet werden, denn sehr viele der wertvollen Inhaltsstoffe, wie z. B. die Flavonoide (sekundäre Pflanzenstoffe), befinden sich direkt unter der Schale in den Randschichten der Frucht und würden beim Schälen verloren gehen.

Um Tomaten zu schneiden, benötigen Sie ein spitzes und vor allem scharfes Messer. Stechen Sie mit der Messerspitze neben dem Stielansatz ein und umschneiden bzw. entfernen Sie ihn großzügig, ebenso die grünen Stellen (die eventuell Solanin enthalten können). Anschließend werden die Tomaten je nach Rezept geviertelt, halbiert, in Scheiben geschnitten oder gewürfelt.

Richtige Lagerung

Tomaten gehören wie Gurken zu den Früchten, die relativ warm gelagert werden sollten.

Das volle Aroma bleibt somit erhalten und die Früchte lange haltbar. Die optimale Temperatur beträgt etwa 14 °C. Geeignet ist also ein ungeheizter Raum.

Im Kühlschrank sollten Tomaten nicht gelagert werden, dort verlieren sie viel von ihrem Aroma.

SMART

Tomaten nachreifen

- **Unreif geerntete Früchte** werden bei 22 bis 27 °C nachgereift, zum Beispiel auf dem Schrank einer warmen Küche. Sie sollten regelmäßig auf Faulstellen kontrolliert werden.
- **Licht** spielt für die Nachreife keine Rolle, die Temperatur allerdings schon: Grüne Früchte reifen nicht mehr nach, wenn sie bei Temperaturen unter 10 °C gelagert wurden.

Tomaten einfrieren und einlegen

Es gibt verschiedene Möglichkeiten, Tomaten haltbar zu machen. Tomaten lassen sich ganz, geschnitten oder püriert einfrieren. Nach dem Auftauen können sie hervorragend für Soßen, Suppen und Mischgerichte verwendet werden. Gleiches gilt für verarbeitete Tomatenprodukte wie Soßen oder Saft. Auch diese können portionsweise eingefroren und bei Bedarf zum Verfeinern oder Weiterverarbeiten verwendet werden.

Eine Alternative zum Einfrieren ist das Einlegen in Öl oder Essig. Hierfür sollten Sie kleine, feste Tomaten verwenden. Vor dem Einlegen in Öl werden die Tomaten zusammen mit geschälten Knoblauchzehen und Kräutern (Art und Menge nach Geschmack) in sterile Gläser gegeben. Beim Einfüllen sollten Sie schichtweise etwas Salz hinzugeben und danach mit soviel Olivenöl aufgießen, bis die Tomaten bedeckt sind. Nach dem Verschließen der Gläser bewahren Sie diese an einem dunklen und kühlen Ort auf. Diese leckere Vorspeise sollte allerdings schon spätestens ein bis zwei Wochen nach dem Einlegen verzehrt werden.

Nach dem Überbrühen lassen sich Tomaten leicht häuten.

Anstelle von Öl können Tomaten auch sauer in einem Sud aus Weißweinessig, Salz, Zucker, Knoblauchzehen, Senfkörnern, Lorbeerblättern, Chili und Kräutern eingelegt werden. Der Sud wird aufgekocht, dann eine Einmachhilfe untergerührt und die Früchte im Glas damit übergossen, bis sie bedeckt sind.

Tomaten häuten

Wer die Tomatenhaut schlecht verträgt oder sie nicht verarbeiten möchte, kann die Früchte vor der Zubereitung häuten. Es sind nur ein paar Handgriffe notwendig: Zuerst werden die Tomaten gewaschen und anschließend auf der Stielansatzseite kreuzweise mit einem scharfen Messer eingeritzt. Dann schneiden Sie den harten Stielansatz und grüne Stellen mit der Messerspitze heraus und überbrühen die Tomaten mit kochendem Wasser oder tauchen sie so lange hinein, bis sich die Schnittränder aufbiegen. Die Tomaten in einem Sieb unter kaltem Wasser abschrecken. Nun lässt sich die Haut leicht abziehen.

Vorspeisen und Salate

Tomaten sind Verwandlungskünstler. Sie treten je nach Kombination, Zubereitung und Gewürzen exotisch, mediterran oder hausbacken auf. Zuerst wird Ihnen ein arabisches Rezept und danach zwei italienische Salat-/Vorspeisen-Spezialitäten vorgestellt.

▸ **Tabuleh** ist ein erfrischender, würziger Salat aus der Türkei und dem arabischen Raum, der sehr gut als Beilage zu Gegrilltem und Gebratenem passt. Aber auch allein genossen ist er eine gesunde und vitaminreiche Köstlichkeit.

▸ **Crostini** und **Tomatensalat mit Rucola-Kürbiskern-Pesto** sind zwei italienische Spezialitäten.

SMART

Tipps zu Tabuleh

- **Bulgur** ist ein Weizenprodukt, das ähnlich wie Nudeln schmeckt. Die Korngröße liegt zwischen der von Gries und Reis.
- **Sie erhalten Bulgur** und Kreuzkümmel im türkischen Laden, im Delikatessengeschäft und im Reformhaus.
- **Kreuzkümmel** sollte beim ersten Mal vorsichtig verwendet werden (ein bis zwei Prisen).

Tomaten-Bulgur-Salat Tabuleh

Zutaten für 4–6 Personen

- 200 g Bulgur
- 4 Tomaten
- 1 Zwiebel, nicht zu scharf
- 1 Bd Frühlingszwiebeln
- ½ grüne Paprikaschote
- 1 Bd Petersilie
- 4 EL Olivenöl
- 2–3 EL Zitronensaft
- Pfeffer, Salz

Wahlweise zusätzlich:

- 3–4 Knoblauchzehen
- Kreuzkümmel, gemahlen
- ½ Bd Minze
- 1 TL Paprikapulverz

1 Den Bulgur mit etwa gleicher Menge kochendem Wasser bedecken und 15 bis 20 Minuten auf der ausgeschalteten Herdplatte quellen lassen. Im Zweifelsfall nach Packungsanleitung verfahren, da es Bulgur in verschiedenen Körnungen gibt.

2 In der Zwischenzeit die Tomaten waschen, die Stielansätze ausschneiden und die Tomaten in Würfel schneiden.

3 Paprikaschote würfeln, Zwiebel schälen und fein würfeln, Frühlingszwiebeln in Röllchen schneiden.

4 Petersilie waschen, trocken schütteln und ohne die groben Stiele fein hacken.

5 Das Gemüse in eine große Schüssel geben. Den Bulgur in ein feines Sieb abgießen, gut abtropfen lassen und zum Gemüse geben.

6 Olivenöl mit Zitronensaft und Gewürzen verrühren und über die Zutaten in der Schüssel gießen.

7 Alles gut vermengen, abschmecken und etwa 1 Stunde ziehen lassen.

Varianten

Wer es noch würziger mag, kann Bulgur zusätzlich mit gepressten Knoblauchzehen, Kreuzkümmel, Minze und/oder Paprikapulver würzen.

Crostini mit Kapern

Zutaten für 4–6 Personen

- 1 große Tomate
- 6 in Öl eingelegte, getrocknete Tomaten
- 1–2 Knoblauchzehen

- frisches Basilikum
- 2 TL Kapern
- 2 EL Olivenöl
- Salz, Pfeffer
- 1 kleines bis mittelgroßes Baguette

1 Frische Tomate waschen und Stielansatz herausschneiden.
2 Die Frucht einritzen, mit kochendem Wasser überbrühen, mit kaltem Wasser abschrecken und häuten. Die Tomate aufschneiden, Flüssigkeit und Kerne abgießen, das Tomatenfruchtfleisch klein würfeln.
3 Knoblauchzehen fein hacken oder pressen, die getrockneten, in Öl eingelegten Tomaten fein würfeln, Basilikum waschen, die Blätter abzupfen und hacken.
4 Tomatenwürfel, Knoblauch, Basilikum, Kapern und Öl mischen, mit Salz und Pfeffer abschmecken.
5 Baguette in schmale Scheiben schneiden und 4 Minuten bei 220 °C im Backofen rösten.
6 Tomatenmasse auf die Brotscheiben verteilen und sofort servieren.

Tipp

Crostini schmecken zu Gegrilltem und einem kräftigen Wein.

Crostini als leckere Vorspeise.

Tomaten-Pesto-Salat

Zutaten für 4 Personen

- 4–5 Fleischtomaten
- Rucola-Kürbiskern-Pesto
- 5 Rucolablätter (Garnitur)

1 Gewaschene Tomaten in Scheiben schneiden, auf einer Platte auslegen und leicht salzen.
2 Selbst gemachtes Pesto auf den Tomaten verteilen.
3 Rucolablätter in Streifen schneiden und Tomaten damit garnieren.

SMART

Pesto selbst machen

- 50 g Kürbiskerne und 1 Bund Rucola hacken. Mit 6 EL Pflanzenöl, 3 EL Weinessig, 40 g geriebenem Parmesan und 70 ml Brühe verrühren.

Suppen

Nun folgen zwei köstliche Suppen-Rezepte: Die Gazpacho aus Spanien, eine gekühlte Suppe, die sich hervorragend als Vorspeise im Sommer eignet, und eine deftige französische Tomatensuppe für die kalte Jahreszeit.

Gazpacho

Zutaten für 4 Personen

- 750 g voll gereifte Tomaten
- ½–1 Salatgurke
- 1–2 Zwiebeln
- 2 rote Paprikaschoten
- 2 Knoblauchzehen
- ½ l Gemüsebrühe
- 2 EL Olivenöl
- 1 TL Zitronensaft
- Salz, Pfeffer
- frische Kräuter nach Geschmack
- 6 Scheiben Weißbrot
- 40 g Butter zum Rösten
- Eiswürfel nach Belieben

1 1 bis 2 Tomaten, 1 Stück Gurke, 1 Paprika und 1 Stück Zwiebel für die Beilage zurücklegen. Die restlichen Tomaten, Gurkenstücke, Zwiebeln und entkernte Paprika grob würfeln.
2 Gewürfeltes Gemüse und geschälten Knoblauch in einer hohen Schüssel mit dem Pürierstab fein zerkleinern.
3 Gemüsebrühe, Olivenöl und Zitronensaft hinzufügen und die Suppe für 2 Stunden abgedeckt in den Kühlschrank stellen.
4 Kurz vor dem Servieren das zurückgelegte Gemüse fein würfeln und die Kräuter hacken.
5 Brotscheiben würfeln und mit Butter in einer Pfanne goldgelb rösten.
6 Suppe mit Salz und Pfeffer abschmecken, auf die Teller geben und mit Kräutern und einigen Gemüsewürfeln bestreuen.
7 Das restliche gewürfelte Gemüse, die Kräuter und gerösteten Brotwürfel in Schälchen zur Selbstbedienung reichen.

Tomatensuppe

Zutaten für 4 Personen

- 1,5 kg Tomaten
- 150 g durchwachsener Speck, gewürfelt
- 150 g Sellerieknolle
- 150 g Möhren
- 2–3 Zwiebeln
- 1 l Brühe
- Salz, Pfeffer
- 1 Gewürznelke, 1 Lorbeerblatt
- 6 Scheiben Weißbrot
- 30 g Butter
- Kräuter nach Belieben

1 Speck, Zwiebeln und Sellerie würfeln, die Möhren in Scheiben schneiden.
2 Speck im Topf anschwitzen, Zwiebeln, Möhren und Sellerie hinzugeben, unter Rühren bei schwacher Hitze leicht anbraten. Die grob zerkleinerten Tomaten, die Nelke und das Lorbeerblatt dazu geben.
3 Bei schwacher Hitze langsam einkochen lassen. Nach etwa 30 Minuten das Lorbeerblatt entfernen und die zuvor erhitzte Brühe hinzufügen. Weiterköcheln lassen, bis die Suppe dicklich ist.
4 Kräuter waschen und hacken.
5 Suppe durch ein Sieb streichen und nochmals erhitzen.
6 Weißbrotscheiben würfeln und mit Butter in einer Pfanne goldgelb rösten.
7 Suppe servieren und mit Weißbrotwürfeln und Kräutern bestreuen.

Gazpacho ist eine gekühlte Suppe für heiße Sommertage.

Vegetarische Hauptgerichte

Pizza

Zutaten für 1 Backblech

Tomatensoße:

- 750 g Tomaten
- Oregano nach Belieben
- 1 Lorbeerblatt
- Salz, Pfeffer

Teig:

- 20 g Hefe
- 400 g Mehl
- 1 ½ Tassen Wasser

Ein Klassiker: Tomaten-Mozzarella-Pizza.

Belag:

- 375 g Mozzarella
- frisches Basilikum
- Salz
- Olivenöl

1 Teig zubereiten: Aus etwas Mehl, Salz, der Hefe und 2 bis 3 Esslöffel Wasser einen Vorteig anrühren. Restliches Mehl in einer Schüssel aufhäufen und eine Mulde hineindrücken. Vorteig in die Mulde geben und langsam mit dem Mehl mischen. Nach und nach das Wasser und ein paar Tropfen Öl dazugeben. Den Teig kneten, bis er nicht mehr an den Fingern klebt. Diesen dann abgedeckt 45 Minuten ruhen lassen.

2 Tomatensoße zubereiten: Tomaten waschen, Stielansatz herauslösen, in Würfel schneiden. Oregano waschen, fein hacken, zusammen mit den Tomaten in einen Topf geben. Wenig Wasser hinzufügen und aufkochen, bis die Tomaten weich werden. Das Lorbeerblatt zufügen und bei niedriger Hitze einkochen lassen. Wenn die Soße eindickt, das Lorbeerblatt wieder herausnehmen. Soße eventuell kurz mit dem Pürierstab durchquirlen, salzen und pfeffern.

3 Mozzarella in dünne Scheiben schneiden.

4 Basilikum waschen, trockentupfen, klein schneiden und in die Tomatensoße rühren.

5 Den Backofen auf 200 °C vorheizen.

6 Den Teig dünn auf einer bemehlten Fläche ausrollen und damit das gefettete Backblech auslegen. Dann die Tomatensoße auf dem Teig verteilen, mit Mozzarella belegen und darüber ein wenig Olivenöl träufeln. Die Pizza etwa 20 Minuten im Backofen auf mittlerer Schiene backen.

SMART

Pizza-Tipp

- **Diese Tomaten-Mozzarella-Pizza** kann als Beilage oder Vorspeise, kalt oder warm, serviert werden. Sie lässt sich mit weiteren Zutaten variieren, z. B. mit Zwiebeln, Schinken, Artischocken, Champignons, Paprika, Peperoni, Oliven oder Sardellen.

Tomaten-Zucchini-Soße für Pasta

Zutaten für 2 Personen

- 3–5 große Tomaten
- 1 mittelgroße Zucchini
- 2 Knoblauchzehen
- 1–2 Frühlingszwiebeln
- ½ Tube Tomatenmark
- Senf
- Kräutersalz
- Prise Zucker
- 1 TL Basilikum, getrocknet
- 1 Prise Majoran, getrocknet
- Salz, Pfeffer
- Tabasco
- Pflanzenöl zum Anbraten

1 Frühlingszwiebeln waschen und in Röllchen schneiden.
2 Die Tomaten waschen, Stielansatz entfernen und in Würfel schneiden.
3 Knoblauch schälen, fein hacken oder in der Knoblauchpresse ausdrücken.
4 Zucchini in kleine Würfelchen schneiden.
5 Öl in einem Topf erhitzen, Zucchiniwürfel zugeben, unter Rühren etwas glasig werden lassen.
6 Frühlingszwiebeln hinzugeben und anschwitzen. Gewürfelte Tomatenstücke und Knoblauch zum Schluss dazugeben. Unter Rühren solange dünsten, bis die Tomaten breiig sind.

Diese fruchtige Pastasoße lässt sich hervorragend auf Vorrat kochen.

7 Die Soße mit Tomatenmark andicken und mit Senf, Kräutersalz, Zucker, Basilikum, Majoran, Pfeffer und Tabasco abschmecken.

SMART

Pastasoße

- **Die Pastasoße** ist schnell zubereitet und schmeckt würzig frisch. Sie passt zu verschiedenen Nudel-Variationen. Ihre Konsistenz sollte dickflüssig bis breiig sein, damit sie gut an der Pasta haftet. Besonders gut schmeckt frisch geriebener Parmesan dazu .

Varianten

Diese Grundsoße kann auch auf Vorrat hergestellt und portionsweise eingefroren werden.
Sie lässt sich sehr schnell und einfach abwandeln, z. B. durch Zugabe von Chili oder ersatzweise Tabascosoße, wenn Sie es etwas schärfer mögen. Auch können Sie Muscheln (Vongole), Sardellen oder Kapern hinzufügen, falls Sie Meergeschmack bevorzugen.

Hauptgerichte mit Fleisch

In diesem Kapitel werden Ihnen zwei Rezepte auf Basis von Hackfleisch und Tomaten empfohlen, die völlig verschieden schmecken. Die gefüllten Tomaten sind deutsche Hausmannskost. Beim Verspeisen der Albondigas in Tomatensoße schmecken Sie eher spanische Einflüsse.

SMART

Tomaten-Tipp

Um den Gesundheitswert voll auszuschöpfen, gehören Tomaten sowohl gekocht als auch roh auf den Tisch!

- **Gekocht** wird das wertvolle Lykopin besser verwertbar.
- **Roh** zubereitet schonen Sie die hitzeempfindlichen Vitamine.

Gefüllte Tomaten

Zutaten für 4–6 Personen

- 10–20 große Tomaten
- 300 g Hackfleisch
- 1 große Zwiebel
- Paprikapulver
- Salz
- 100 g Emmentaler oder 60 g Parmesan
- 40 g Öl

1 Tomaten waschen, Stielansatz vorsichtig herausschneiden.

2 Tomaten oben so einschneiden, dass sich ein Deckel abheben lässt. Das Innere mit einem Löffel aushöhlen, durch ein Sieb streichen und aufbewahren.

3 Backofen auf 200 °C vorheizen.

4 Zwiebel fein würfeln, in etwas Öl anschwitzen, Hackfleisch dazugeben und leicht anbraten. Mit Salz und Paprikapulver abschmecken, Käse darunter mengen und vom Herd nehmen.

5 Tomaten innen leicht salzen. Fleisch-Käse-Mischung in die Tomaten füllen, den Deckel zuklappen.

6 Die gefüllten Tomaten in eine gefettete Form stellen und 10 Minuten im Backofen garen. Tomateninneres nun zwischen die Tomaten gießen und weitere 10 Minuten backen. Tomaten herausnehmen, Soße abschmecken und nach Wunsch binden.

Tipp

Dazu passt Kartoffelpüree oder Reis und Salat.

Albondigas in Tomatensoße

Zutaten für 4 Personen

- 250 g Hackfleisch
- 1 Strauß Petersilie
- 1–2 Knoblauchzehen
- 1 großes Ei
- 240 g Parmesan
- 1 Zwiebel
- 3–4 Tomaten
- 1 Tasse Brühe
- etwas Mehl
- Olivenöl zum Anbraten

1 Hackfleisch mit dem Ei, feingehackter Petersilie, zerdrücktem Knoblauch und Parmesan gut durchkneten. Mit Salz und Pfeffer abschmecken. Kleine Klößchen formen, in Mehl wälzen und in Olivenöl anbraten.

2 Zwiebeln hacken und in einem Topf in Öl anschwitzen, Tomaten und Brühe hinzufügen und alles kochen, bis die Tomaten weich sind. Pürieren, salzen und pfeffern. Eventuell noch etwas einkochen lassen.

3 Die Klößchen in die Tomatensoße legen und noch einmal kurz aufkochen.

Gefüllte Tomaten mit einer Extra-Käseschicht.

Fisch & Meeresfrüchte

Tomaten sind auch aus der Fisch-/Meeresfrüchteküche nicht wegzudenken. Nachfolgend werden Ihnen Shrimp Gumbo (ein kreolisches Gericht) und Fisch mit Tomaten (nach griechischer Art) vorgestellt.

Shrimp Gumbo

Zutaten für 4–6 Personen

- 500 g küchenfertig vorbereitete Garnelen
- 500 g Tomaten
- 4 EL Tomatenmark
- 1 Stange Staudensellerie
- 1 grüne Paprika
- 1 Dose Okraschoten
- 2–3 Knoblauchzehen
- 2 Zwiebeln
- 2 TL Mehl
- ½–¾ l Fischfond, ersatzweise Brühe
- 40 g Butter
- 1 Lorbeerblatt
- frische Petersilie
- Salz, Pfeffer, Tabasco
- gekochter Reis

1 Okraschoten im Sieb abtropfen lassen. Tomaten, Zwiebeln und Staudensellerie fein würfeln sowie Paprika in kurze Streifen schneiden. Knoblauchzehen pressen oder fein hacken.

SMART

Gumbo

› **Gumbo ist ein würziger Eintopf** aus dem Süden der USA. Hinein kommt was da ist, aber immer Staudensellerie, Paprika und Zwiebeln. Tomaten bereichern die kreolische Variante. Oft werden Meeresfrüchte, Wurst und Fleisch kombiniert.

2 Zwiebeln in der Butter glasig dünsten, Paprika, Sellerie und Knoblauch dazugeben. Mehl darüber sieben, umrühren und anschwitzen bis das Mehl hellbraun wird.

3 Tomaten, Tomatenmark, Okra, Brühe und Lorbeerblatt zufügen und aufkochen. Köcheln lassen, bis die Soße eindickt (etwa 45 Minuten), gelegentlich umrühren.

4 Lorbeerblatt entfernen, Gumbo mit Salz, Pfeffer und Tabasco pikant würzen.

5 Garnelen hinzufügen und 5 Minuten ziehen lassen, bis sie sich rosa färben, dann Petersilie hacken.

6 Shrimp Gumbo auf Tellern im Reisbett anrichten und mit Petersilie bestreuen.

Fisch mit Tomaten aus dem Backofen

Zutaten für 4 Personen

- 1 kg küchenfertig vorbereiteter Fisch (Rotbarsch, Schellfisch oder Zander)
- 500 g reife Tomaten
- 1–2 Zehen Knoblauch
- 4–6 EL Olivenöl
- 4–6 EL Weißwein
- 1 Bd Petersilie

1 Tomaten in Würfel schneiden und mit einem Pürierstab fein zerkleinern.

2 Knoblauch pressen (oder fein hacken) und hinzugeben, ebenso die gehackte Petersilie.

3 Olivenöl im Topf erhitzen, Tomatenpüree und Wein zufügen, umrühren und mit Salz und Pfeffer abschmecken.

4 Backofen auf 220 °C vorheizen. Den Fisch in eine feuerfeste Form geben und mit dem Tomatenpüree übergießen. Nach 20 Minuten den Fisch wenden und weitere 25 Minuten garen. Dazu passt Reis oder Pommes frites mit Salat.

Das Basisrezept lässt sich durch weitere Zutaten abwandeln.

Beilagen, Gemüse & Co.

Tomaten sind vielseitig kombinierbar, lecker und gesund. Verwöhnen Sie sich mit den folgenden zwei Gerichten aus Griechenland: Tomaten-Bohnen-Gemüse und gefüllte Tomaten nach griechischer Art. Soll es einmal besonders schnell gehen, dann sind Parmesan-Tomaten (eine italienische Spezialität) das Richtige. Alle diese Speisen eignen sich hervorragend als Beilage zu Fleisch und Fisch. Zusammen mit frischem Weiß- oder Fladenbrot ergeben sie ein sättigendes und gesundes Mittag- oder Abendessen.

Tomaten-Bohnen-Gemüse

Zutaten für 4 Personen

- 1 kg frische grüne Bohnen
- 3–4 mittelgroße Tomaten
- 1 Zwiebel
- 1 Sträußchen frischer Dill
- 4 EL Olivenöl
- 1–2 Tassen Brühe
- Salz, Pfeffer

1 Tomaten waschen, Stielansätze und grüne Stellen mit einem spitzen Messer ausschneiden, vierteln und in einer Schüssel mit dem Pürierstab fein zerkleinern.
2 Dill waschen, trocknen und hacken.
3 Bohnen waschen, Stielansatz abschneiden und Fäden entfernen, lange Bohnen in Stücke schneiden.
4 Zwiebeln schälen, fein würfeln und in Öl anbraten.
5 Tomatenpüree, gehackten Dill und Bohnen hinzufügen. Brühe zugießen, bis die Bohnen bedeckt sind. Abgedeckt bei niedriger Hitze 50 Minuten lang köcheln lassen.
6 Mit Salz und Pfeffer abschmecken und servieren.

Varianten

Eigentlich wird das griechische Tomaten-Bohnen-Gemüse nicht mit Dill sondern mit Petersilie zubereitet. Das ist Geschmacksache und Sie können selbst entscheiden, wie es Ihnen besser schmeckt. Nach dem gleichen Rezept kann auch ein Tomaten-Erbsen-Gemüse hergestellt werden: Verwenden Sie statt der Bohnen 1 ½ kg Erbsen.

SMART Tipp

› **Tomaten-Bohnen-Gemüse** ist ein leichtes griechisches Sommergericht und eine geeignete Beilage zu Fleischgerichten oder vegetarischen Bratlingen. Ebenso schmeckt es mit Weißbrot und Schafskäse. Dill verleiht ihm eine frische Note.

Gefüllte Tomaten nach griechischer Art

Zutaten für 4–6 Personen

- 8 große, schöne Tomaten
- 1 Zwiebel
- 1 Knoblauchzehe
- 1 Tasse Reis
- frische Petersilie
- Salz, Pfeffer, Zucker
- 6 EL Olivenöl
- ½ Tasse Brühe

1 Backofen auf 220 °C vorheizen.
2 Tomaten waschen. Stielansatz mit spitzem Messer herausschneiden.
3 Tomaten oben so einschneiden, dass sich ein Deckel abheben lässt. Das Innere mit einem Löffel aushöhlen, durch ein Sieb streichen und aufbewahren.

Parmesan-Tomaten sind schnell zubereitet und äußerst schmackhaft.

4 Zwiebel schälen und in feine Würfeln schneiden.
5 Petersilie waschen, trocken schleudern und hacken, Knoblauchzehe schälen.
6 Die aufgefangene Tomatenflüssigkeit mit Reis, Zwiebel, Petersilie, 2 Esslöffel Öl, etwas Salz und Pfeffer mischen und den Knoblauch dazu pressen.
7 Tomaten mit etwas Zucker ausstreuen und mit der Reis-Tomatenmischung füllen, die Deckel dann zuklappen.
8 Feuerfeste Form mit Öl bepinseln, Tomaten hineinstellen und im Backofen 75 Minuten garen.

Parmesan-Tomaten

Zutaten für 4 Personen

- 8 kleine Tomaten (ca. 500 g)
- 2 Knoblauchzehen
- 40 g Parmesan
- 40 g Semmelbrösel
- 1 Bd Petersilie
- Pfeffer, Salz
- 6 EL Olivenöl

1 Backofen auf 180 °C vorheizen.
2 Petersilie hacken, Knoblauch pressen. Knoblauch, Petersilie, Parmesan und Semmelbrösel mit Öl zu einer Paste mischen.
3 Tomaten quer halbieren, Kerne und Flüssigkeit entfernen, leicht salzen und pfeffern und mit der Paste füllen.
4 Im vorgeheizten Backofen bei 180 °C etwa 30 Minuten backen.

Tipp

Keine Angst vor Überraschungsgästen: Parmesan-Tomaten lassen sich sehr einfach zubereiten und passen zu Gegrilltem.

Schlankmacher Tomate

Mit nur 17 kcal pro 100 g Frischfrucht ist die Tomate ein idealer Bestandteil der „schlanken Küche“. Sie erfrischt, sättigt und liefert viele wertvolle Inhaltsstoffe. Und dabei lässt sie sich abwechslungsreich zubereiten.

Zu einer figurbewussten und gleichzeitig gesunden Ernährung gehören Nahrungsmittel mit hoher Nährstoffdichte. Die Tomate entspricht dem voll und ganz: Sie hat wenig Kalorien aber dafür viele Vitamine, Mineralien, Spurenelemente und sekundäre Pflanzenstoffe.

Ohne Reue genießen!

Wenn Sie abnehmen möchten, dann haben Sie gute Erfolgsaussichten bei kleinen aber wirksamen Veränderungen in Ihrem Alltag.
Die meisten Menschen nehmen zu viel Fett zu sich, zu viel Butter, Wurst, Pommes frites, Croissants, Schokolade, fettes Fleisch oder fetten Käse. Es bietet sich somit an, beim Fett zu sparen und einen Teil der fetthaltigen Nahrungsmittel durch fettarme zu ersetzen.
Wer pro Tag 30 g Fett weniger zu sich nimmt, spart täglich 270 kcal. Nach 100 Tagen sind das 27.000 kcal oder 3 kg Körperfett.

① ◂ **Wer Tomaten mag,** muss beim Abnehmen nicht auf Gaumengenüsse verzichten. Wenn Sie zu Nudeln statt einer Käse-Sahne-Soße eine fruchtig frische Tomatensoße genießen, werden Sie satt und haben gleichzeitig eine Menge Kalorien gespart. Ein erfrischender Tomatensalat oder eine Tomatensuppe können eine Mahlzeit ersetzen oder vor dem Hauptgang bereits den Magen vorfüllen.

Tomatiges statt Fettes

Hier ein paar Tipps, wie Sie einen erheblichen Anteil Fett (und somit Kalorien) aus Ihrer Speisekarte entfernen können, ohne auf Genuss verzichten zu müssen:

Cocktailtomaten oder Tomatenscheiben statt Cracker oder Erdnüsse als Fernsehsnack naschen.

Tomatenmark statt Butter als Aufstrich fürs Käsebrot verwenden.

Leichte Tomatensuppe als Vorspeise, um den Magen vorzufüllen.

Tomatensoße statt Sahnesoße zubereiten.

Dips und Cocktailsoßen auf Tomatenbasis bevorzugen: 100 g Mayonnaise (80 % Fett) enthalten 743 kcal, 100 g Tomaten-Salsa nur 30 kcal.

Sie sollten jedoch nicht völlig auf Fett verzichten, denn es wird für die Vitaminverwertung benötigt.

Wer gleichzeitig noch etwas mehr Bewegung in seinen Tagesablauf einbaut, kann den Fettabbau wesentlich beschleunigen und tut auch noch etwas für seine Gesundheit, stärkt sein Selbstbewusstsein und somit das Wohlbefinden.

2

▲ **Tomaten** können Ihnen beim Abnehmen eine wertvolle und vitaminreiche Hilfe sein. Dass Crash-Diäten nicht dauerhaft schlank machen, beweisen die vielen Übergewichtigen. Lassen Sie sich von solchen „Wundermitteln“ nicht beeindrucken. Nehmen Sie statt dessen kleine Veränderungen im Alltag vor, dann haben Sie dauerhaft Erfolg: Essen Sie mehr Gemüse und weniger Fleisch, Nudeln oder Reis. Ersetzen Sie fette Sahnesoßen durch fruchtige Tomatensoßen (nähere Informationen zur gesunden Ernährung, siehe Internetadressen auf Seite 63).

Infoecke

Bezugsquellen für Saatgut

ARCHE NOAH (alte Sorten)
Obere Straße 40
A-3553 Schloss Schiltern
www.arche-noah.at

Jörn Meyer Gemüsebau
Kremper Rhin 6
D-25348 Blomesche Wildnis
www.tomatenmitge-schmack.de

Thompson & Morgan
Postfach 10 69
D-36243 Niederaula
www.thompson-morgan.de

fesaja-versand (Raritäten)
Susanne Hammerschlag
Dorfstrasse 23
D-37318 Schönhagen
www.fesaja-versand.de

Gärtner Pötschke
Beuthener Straße 4
D-41561 Kaarst
www.poetschke.de

Ulla Grall (Bio-Saatgut)
Eulengasse 3
D-55288 Armsheim
www.bio-saatgut.de

Kiepenkerl Kunden-Service
Im Weidboden 12
D-57629 Norken
www.kiepenkerl.de

SPERLI-Samen
Daniel Müller
Raiffeisenstr.18
D-75210 Keltern
www.samenhaus.de

Zur Autorin

- **Eva Schumann** ist Dipl. Ing. (FH) für Gartenbau mit langjähriger Erfahrung im biologischen Pflanzenschutz und in der Beratung von Hobbygärtnern in Weihenstephan. Sie ist Autorin zahlreicher Gartenratgeber. Unter www.gartensaison.de veröffentlicht sie Gartentipps im Internet.

Weitere Adressen

Privates SamenArchiv
Gerhard Bohl
Oberfichtenmühle 2
D-91126 Rednitzhembach
www.garten-pur.de/153/Garten-pur_Portal/Gemuesebeet/Samenarchiv_Bohl.htm

Magic Garden Seeds
(alte Sorten)
Andreas Fái-Pozsár
Regerstr. 3
D-93053 Regensburg
www.magicgardenseeds.de

Bildquellen

Alle Zeichnungen wurden von Helmuth Flubacher (Waiblingen) angefertigt.

Biohelp: 36 l.u.
Buchter-Weisbrodt, Helga: 18 l.u., 20 l. (2), 20 l. (3), 20 l. (4), 21 r. (4), 22 l. (1), 22 l. (4), 23 r. (3), 25 o.
fotolia/Fatman73: 61 r.o.
fotolia/Michael Röhrich: 52 l.u.
fotolia/Monkey Business: 64 l.u.
istockphoto/Bill Hutches: U3 r.o.
istockphoto/Constance McGuire: 6 l.u.
istockphoto/dirkr: 55
istockphoto/Vitalina Rybakova: 60 l.u.
Nebelung Kiepenkerl: 22 l. (2), 23 r. (1), 23 r. (2), 23 r. (4)
Ökologie und Design: 21 r. (2)
photolibrary/Tim Hill: 51
Reinhard, Hans: 4, 7 r.o., 11 o., 12 l.u., 13 r.o., 14 l.u., 15 r.o., 20 l. (1), 22 l. (3), 27 r.o., 28 l.u., 29 r.o., 30 l.u., 31 o., 34 l. u., 35 o., 37 r.o., 41 r.o., 42 l.u., 43 l.u., 47 o.
Stein, Gitte und Siegfried (GbR): 2 bis 3, 8 l.u., 16, 19 r.o., 21 r. (1), 21 r. (3), 24 l.u., 38 l.u., 39 o.
Teubner Foodfoto: 53 r.o., 57
Volk, Fridhelm: 44, 49 o., 59 o.
Wandmacher, Ingo: 9 o.

Impressum

Bibliografische Information der Deutschen Nationalbibliothek
Die Deutsche Nationalbibliothek verzeichnet diese Publikation in der Deutschen Nationalbibliografie; detaillierte bibliografische Daten sind im Internet über http://dnb.d-nb.de abrufbar.

Wollgrasweg 41, 70599 Stuttgart (Hohenheim)
E-Mail: info@ulmer.de
Internet: www.ulmer.de
Lektorat: Kerstin Holle, Doris Kowalzik
Umschlag- und Innengestaltung: X-Design, München
DTP: juhu media, Susanne Dölz, Bad Vilbel
Druck und Bindung: Litotipografia-editrice Alcione, Trento
Printed in Italy

ISBN 978-3-8001-5899-7

Informationen im Internet

- **Forschungsanstalt für Gartenbau Weihenstephan**
  www.fh-weihenstephan.de/fgw
- **Bayerische Gartenakademie**
  www.lwg.bayern.de/gartenakademie
- **Alte Tomatensorten**
  www.nikola-hahn.de/altetomat.htm
- **Balkonbewässerung**
  www.blumat.de
  www.gardena.de
  www.beckmann-kg.de
  www.bewaesserungstechnik-btf.de
  www.manna.de
- **Schlanke Ernährung**
  www.abnehmen-mit-tinto.de
  www.diaetindex.de

Haftung

Tomaten auf Vorrat

Frische Tomaten sind nur beschränkt lagerbar. Um auch außerhalb der Saison die eigenen Früchte aus dem Garten genießen zu können, müssen sie haltbar gemacht werden.

Eine einfache Möglichkeit zur Haltbarmachung ist das Einkochen zu Tomatenmark: Vollreife Tomaten werden je nach Geschmack mit Gewürzen (Salz, Zucker, Essig, Kräuter, Knoblauch) zu einem Püree eingekocht, durch ein Sieb gestrichen und in Weckgläser gegeben oder eingefroren.

Tomaten trocknen

Tomaten können auch durch Trocknen haltbar gemacht werden. Die nötigen Vorarbeiten sind: Früchte waschen, Stielansätze herausschneiden und halbieren oder in Scheiben schneiden. Da in Deutschland das Trocknen durch die Sonne in der Regel nicht möglich ist, sollten Sie den Backofen oder ein Dörrgerät verwenden. Alle paar Stunden werden die Tomaten gewendet und fertig getrocknete Scheiben während des Trocknens aussortiert. Vor allem gegen Ende des Dörrvorgangs muss das Dörrgut regelmäßig kontrolliert werden.

1 ◂ **Zum Trocknen** eignen sich Tomatensorten, die nicht so wasserreich sind. Dieser Vorgang dauert im Backofen bei 60 °C und Umluft bis zu 36 Stunden. Bei höherer Temperatur und dünneren Scheiben lässt sich die Dörrzeit zwar verkürzen (auf 8 bis 12 Stunden bei 115 °C), aber dabei gibt es geschmackliche Einbußen. Getrocknete Tomaten können in luftdichten Dosen oder eingelegt in Öl aufbewahrt werden.